문답식
일본어 경어

능력시험 · 임용고시 필수 학습서

문답식
일본어 경어

안병곤 · 정희순 지음

어문학사

서문

　한국 사람은 일본어를 쉽다고 한다. 한국어와 일본어가 서로 닮았기 때문이다. 특히 문법적인 유사성은 영어가 불어에 버금갈 만큼 그 정도가 높다. 그리고 공유하는 한자어 등에 의한 한일 양국어의 유사성은 외국어로서의 학습에 굉장히 플러스적인 영향을 미친다. 어떤 한국의 예능인이 6개월 만에 일본어를 마스터하여 일본의 텔레비전 프로그램에 사회자로 나섰다는 이야기는 거짓말이 아닐 것이다.

　모든 외국어는 다 어렵다. 세상에 자신의 모국어처럼 쉬운 외국어는 없다. 일본어 역시 한국인에게는 어려운 외국어임에는 틀림없다. 한국어를 모국어로 하는 예능인이 6개월 만에 외국어인 일본어를 마스터했다면 아무리 일본어가 쉬운 외국어라 하더라도 먼저 그에 따른 노력과 열정을 인정해 주어야 한다. 한국의 모든 일본어 학습자도 그러한 자세를 본받아야 할 것이다.

　필자는 일본어를 배우기 시작한 지 어언 40여 년이 다 되어간다. 그래도 가끔씩은 사전을 보아야 하고, 학생들의 질문에는 자주 난처한 입장이 되기도 한다. 솔직히 말해 아직도 어렵고 힘들다. 그중에서 가장 어렵고 힘든 부분 중의 하나가 일본어의 경어라고 생각한다. 그래서 시험 문제를 낼 때에도 경어 문제를 많이 다루게 된다.

　〈일본어교사 임용시험〉이나 〈일본어 능력시험〉 등에서 빠지지 않고 출제되는 문제가 경어이다. 그리고 난이도 면에서 가장 어려운 문제이기도 하다. 이 책은 그러한 관점에서 만들어졌다. 일본어의 경어를 여러 가지 시험에서 출제되는 문제 형식과 함께 다루어 보고자 한 것이다. 따라서 한국인에게 가장 어려운 일본어 경어를 공부하면서 더불어 자신이 목표로 하고 있는 시험에 대한 대처도 할 수 있을 것이다.

아무쪼록 이 책을 접하는 모든 사람들이 어려운 일본어 경어를 정복하고, 〈일본어교사 임용시험〉이나 〈일본어 능력시험〉 등에서 좋은 성적을 거두기를 바라마지 않는다.

이 책은 기획 단계부터 원고의 정리 및 탈고, 교정에 이르기까지 거의 모든 내용을 경상대학교 사범대학 일어교육과 재학생 및 대학원 일본학과 재학생 그리고 수료생들의 도움을 받았다. 도와준 모든 사람들에게 다시 한번 감사의 말씀을 전한다.

더불어 어려운 출판 사정에도 불구하고 혼쾌히 출판을 허락해 주신 어문학사의 박영희 사장님께 고개 숙여 감사드린다.

2010년 11월
저자 안병곤, 정희순

총론 경어의 정의 및 분류

1. 경어의 정의_14

2. 경어의 분류_15
    2.1 존경어(尊敬語)_16
    2.2 겸양어(謙譲語)_17
    2.3 정녕어(丁寧語)_18

3. 경어를 만드는 5가지 방법_19

part I 일상생활 경어

1. 경어의 기본상식
    尊敬語、謙譲語、丁寧語の分類_28

2. 존경어
    尊敬語の種類と変化_30

3. 겸양어
    謙譲語の種類と変化_32

4. 이중경어
    お召し上がりください(?)_34

    自分をほめてあげたい気分です(?) -「~あげる」표현_36

5. 인사
    それでは、あした伺います(?)_38
    気に入っていただけて、お連れしたかいがあります(?)_40

6. 방문
    鈴木さんはおられますか(?)_42
    つまらないものですが、どうぞ(?)_44

7. 초대
    お子さんに差し上げてください(?)_46

목차

8. 손윗사람과의 대화
　　お行きになれば到着します_48
　　厚くお詫び申し上げます(?)_50
　　コンサートにご一緒に参りませんか_52
　　どこでお求めしたのですか_54

9. 손님을 맞이할 때
　　材料を持ってこられないと…_56

10. 관혼상제
　　続いて田中課長のご祝詞を賜ります_58
　　祝電が参っています_60
　　皆々様にお祝い申し上げます_62
　　ご冥福をお祈り申し上げます(?)_64

11. 병문안
　　仕事は万事順調です(?)_66

12. 변명
　　忘れてしまってうっかりした(?)_68

13. 틀리기 쉬운 표현
　　お誘い合わせていらしてください(?)_70

part Ⅱ service 경어

1. 매뉴얼 경어
　　ちょうどからいただきます(?)_74

2. 손님에 대한 대응
　　何をお召し上がりになられますか(?)_76
　　お待ちいただく形になります(?)_78
　　田中様はおられますか(?)_80
　　とんでもございません(?)_82
　　どうでしょうか(?)_84

お客様、こちらの品物はお値下げ品です(?)_86
在庫はございませんです(?)_88

3. 방문객에 대한 대응
お約束はしていらっしゃいますか(?)_90
○○様が見えられました(?)_92
どなたを呼びましょうか(?)_94

4. 문의에 대한 대답
こちらについてご説明して差し上げます(?)_96

5. 트러블에 대한 대응
わかりません(?)_98

part Ⅲ office 경어

1. 비즈니스 표현
すいません(?)_102
お客様、外でお車がお待ちしています(?) - 「お」의 사용법_104

2. 이중경어
おっしゃられることは理解できます(?)_106

3. 고객에 대한 대응
佐藤部長が見えますので、お待ちください(?)_108
○○がたまわります(?)_110

4. 직장 상사나 고객에 대한 대응
私は吉賀政男と申します_112
4時にお見えになるよう、部長がおっしゃっていました(?)_114
やらさせていただいても結構です(?)_116
父が亡くなりました(?)_118
お世話様です(?)_120
プレゼンテーションの司会(進行)ご苦労様です(?)_122
課長、明日まではちょっと無理です(?)_124

外出の予定がありましてお会いになれません(?)_126
　　　お客様がお見えになられています(?)_128
　　　先ほどの○○について、もう少し詳しく説明を(?)_130

5. 직장 상사에 대한 대응
　　　なるほど、おっしゃる通りです(?)_132
　　　何時頃、ご帰社されますか(?)_134
　　　課長が説明に行きます(?)_136
　　　課長、そろそろ参りませんか(?)_138
　　　お言葉を返すようですが…. (?)_140
　　　司会は課長におやりいただけませんか(?)_142
　　　さすがに部長ですね(?)_144

6. 이벤트
　　　大勢の方にご参加いただきませて、ありがとうございます(?)_146

7. 상거래
　　　お噂はかねがね佐藤から伺っております(?)_148
　　　現時点ではわかりません(?)_150
　　　この件はなかったことにしてください(?)_152

8. 회의
　　　その意見には反対です(?)_154

part Ⅳ 전화 경어

1. 전화 경어의 기본
　　　言っておきます(?)_158

2. 교환·전언
　　　お取り次ぎいただけませんでしょうか_160

3. 교환
　　　今、○○と変わりますので、お時間よろしいでしょうか(?)_162

4. 전언
　　　伝えてくれますか(?)_164

5. 전화상의 대응
    お客様のお名前をいただけますか(?)_166

6. 이름을 정확히 듣지 못했을 때
    失礼ですが、もう一度お名前を伺えますか(?)_168

7. 전화가 잘 들리지 않을 때
    お声が小さくて聞き取れません(?)_170

8. 항의 전화
    クレームに対して「なるほど」!?_172

9. 전화 걸기
    もしもし。◎◎商事の○○です(?)_174
    つかぬことをお伺いしますが(?)_176

10. 전화 받기
    ○○商会の営業部でございます_178
    ●●物流でございます_180
    本日は○○物産に出張しておりまして、帰社いたしません(?)_182

11. 돌발 상황에 대한 대응
    すいません。遅刻しそうです(?)_184

12. 직장 상사의 가족으로부터의 전화
    奥さんからの電話です(?)_186

13. 전화를 이용한 연락
    課長、いる？(?)_188

14. 손님 댁에 전화 걸기
    お世話様です。この前はどうも(?)_190

15. 전화상의 트러블
    電話番号、間違っていませんか(?)_192

총론
경어의 정의 및 분류

1. 경어의 정의
2. 경어의 분류
3. 경어를 만드는 5가지 방법

1. 경어의 정의

　일본어에서 경어(敬語)를 정의(定義)하고자 할 때, 다음과 같이 경어를 전혀 사용하지 않는 경우를 생각해 볼 수 있다.

「早く食え」빨리 먹어
「さっさと食え」얼른 얼른 먹어
「もっとしっかり食べろ」좀 더 많이 먹어

　그러나 위의 경우들과는 달리 다음과 같이 경어를 사용하여 듣는 사람에게 정중한 표현을 하는 방법도 있다.

「どうぞ食べてください」잘 드십시오
「冷めないうちにお上がりください」식기 전에 드십시오
「さあ、どんどん召し上がってください」자, 마음껏 드십시오

　즉 일본어의 경우 일상생활 속에서 같은 내용(동작)을 말하더라도 상대(相手)나 장면(場面)에 따라 말하는 방법이 달라지는 것이다.

　먼저 상대가 자신과 비교해서 어떤 관계에 있는가에 따라서 말이 달라진다.

- 손윗사람인가, 대등한 사이인가, 손아랫사람인가.
- 사회적 지위가 높은가, 낮은가.
- 일가친척인가, 외부의 사람인가.
- 친한 사이인가, 초면인 사이인가.

　그리고 말을 하는 장면에 따라서 달라지기도 한다.

- 소수의 개인적인 관계로 이루어진 허물없이 말하는 장면인가, 많은 사람이 모여 있는 장면인가.
- 격식을 갖춘 회의나 의식적(儀式的)인 장면인가.

 이상에서 설명한 바와 같이 여러 가지 말하는 방법 중에서 상대방에게 실례가 되지 않도록「話し手が、聞き手や話題にしている人物を高めて表現する言葉遣い(말하는 사람이 듣는 사람이나 화제로 삼고 있는 인물을 높여서 표현하는 언어사용법)」을 경어라고 한다.
 그리고 이를 다른 말로 나타내면 경어(敬語)는「人を敬うための言葉遣いである(다른 사람을 공경하기 위한 언어사용법)」이라고 기억해 두는 것이 가장 알기 쉬운 말이라고 생각한다.

2. 경어의 분류

 일본어의 학교문법(学校文法)에서는 일반적으로 경어(敬語)를 존경어(尊敬語)·겸양어(謙譲語)·정녕어(丁寧語)의 세 가지로 분류한다.
 그런데 이러한 학교문법(교과문법)에서의 경어의 3분류법에 대하여, 겸양어를 다시 화제 중의 동작(내용)을 받는 사람이 말하는 사람보다 상위인 경우에 사용하는「겸양어Ⅰ(謙譲語Ⅰ)」과 화제 중의 동작(내용)을 직접 듣고 있는 사람이 말하는 사람보다도 상위인 경우에 사용하는「겸양어Ⅱ(謙譲語Ⅱ=丁重語)」로 나누고,「정녕어(丁寧語)」를 다시 화제 중의 동작(내용)을 직접 듣는 사람이 말하는 사람보다 상위인 경우에 사용하는「정녕어(丁寧語)」와 말하는 사람이 단순히 화제 중의 동작(내용)을 품위 있게 표현하고자 하는「미화어(美化語)」로 나누는 5분류법을 취하는 경우도 있다.
 그리고 다음의 〈표 1〉에서 보이는 바와 같이 화제 중의 인물을 높이는 소재경어(素材敬語)와 말하는 사람이 직접 대면하여 듣고 있는 사람을 높이는 대자경어(対者敬語)에 대한 구별을 정확히 할 수 있다면 경어에 대한 각각의 차이점을 이해하는 데 도움이 될 것이다.

〈표 1〉 경어의 분류

3분류법	5분류법		특 징
존경어 (尊敬語)	존경어 (尊敬語)	소재경어 (素材敬語)	화제 중의 동작(내용)의 주체가 말하는 사람보다도 상위인 것을 나타내는 말
겸양어 (謙譲語)	겸양어 (謙譲語)		화제 중의 동작(내용)을 받는 사람이 화제 중의 동작의 주체보다도 상위인 것을 나타내는 말
	정중어 (丁重語)	대자경어 (対者敬語)	듣는 사람이 말하는 사람보다도 상위인 것을 나타내는 말
정녕어 (丁寧語)	정녕어 (丁寧語)		듣는 사람이 말하는 사람보다도 상위인 것을 나타내는「です」「ます」「ございます」등
	미화어 (美化語)	─	화제 중의 동작(내용)을 품위 있게 나타내고자 하는 표현이나 말투

※ 소재경어(素材敬語):화제 중에 등장하는 인물을 높이는 경어
※ 대자경어(對者敬語):말하는 사람과 대면하여 듣고 있는 사람을 높이는 경어

2.1 존경어(尊敬語)

존경어(尊敬語)는 화제(話題) 중의 동작이나 상태(내용)의 주체(主体)가 말하는 사람보다도 상위(上位)인 경우에 사용된다. 동사(動詞), 형용사(形容詞)의 어형(語形)을 변화시키거나, 명사(名詞)의 어휘 자체를 바꾸는 경우도 있다.

일본어에서 존경어를 만드는 방법에는 다음과 같은 3가지가 있다.

(1) 존경의 의미를 나타내는 접두사「お, ご, 貴, 御」및 접미사「氏, 様, 殿, さん」등을 붙인다.

접두어	お考え, お仕事, ご住所, ご熱心, ご家族, 貴社, 貴殿, 御社, 御地 등
접미어	桑原健次氏, 島村智子様, 山岡総務課長殿, 原田紀子さん 등

(2) 그 자체가 존경의 의미를 나타내는 말(전용 존경어)을 사용한다.

　예 おっしゃる(「言う」의 존경어)

　　　召し上がる(「食べる」「飲む」의 존경어)

　　　なさる(「する」의 존경어) 등

(3) 존경어로 만드는 어형(語形)을 첨가한다.

　예 読む+れる→読まれる

　　　来る+られる→来られる

　　　帰る+「お~になる」→お帰りになる

　　　出席する+「ご~ください」→ご出席ください 등

2.2 겸양어(謙讓語)

　겸양어(謙讓語)는 화제(話題) 중의 동작(내용)을 받는 사람이 화제 중 동작의 주체(主体)보다도 상위(上位)인 경우에 사용된다. 일반적으로 동작(내용)을 받는 사람이 듣는 사람이고, 동작(내용)의 주체(主体)가 말하는 사람인 경우이다. 겸양어(謙讓語)의 일부는 동작(내용)을 받는 사람이 없는 경우에도 사용하며, 최근에는 일본어의 겸양어(謙讓語)가 듣는 사람에 대한 경의(敬意)를 나타내는 정중어(丁重語)로서 사용하는 경우가 보이기도 한다. 겸양어(謙讓語)는 경어(敬語)를 사용함에 있어서 다른 경어(敬語), 즉 존경어(尊敬語)나 정녕어(丁寧語)에 비해 잘못 사용하는 경우가 많다. 그리고 「やる」의 겸양어 「あげる」와 같이 겸양어(謙讓語)의 경의(敬意)가 약화되어 미화어(美化

語)처럼 사용되는 경우도 있다.
　일본어에서 겸양어(謙讓語)를 만드는 방법에는 다음과 같은 3가지가 있다.

(1) 겸양의 의미를 나타내는 접두사 「愚, 拝, 弊」 및 접미사 「ども, め」 등을 붙인다.

접두어	愚見, 愚考, 拝見, 拝受, 弊社 등
접미어	私ども, 手前ども, せがれめ 등

(2) 그 자체가 겸양의 의미를 나타내는 말(전용 겸양어)을 사용한다.
　예 お目にかかる(「会う」의 겸양어)
　　 いただく(「もらう」의 겸양어)
　　 拝見する(「見る」의 겸양어) 등

(3) 겸양어로 만드는 어형(語形)을 첨가한다.
　예 持つ+「お~する」→お持ちする
　　 招待する+「ご~いたす」→ご招待いただく
　　 喜ぶ+「お~申し上げる」→お喜び申し上げる 등

2.3 정녕어(丁寧語)

　정녕어(丁寧語)는 듣는 사람이 말하는 사람보다도 상위(上位)인 경우에 사용되는 말이다. 일반적으로는 어말(語末)에 사용되는 「です」「ます」「ございます」를 가리킨다.
　일본어에서 정녕어(丁寧語)를 만드는 방법에는 다음과 같은 3가지가 있다.

(1) 「です」「ます」「ございます」를 붙인다.

です→「ここは私の家です」

ます→「買い物に行って来ます」

ございます→「近くに公園がございます」 등

(2) 접두어「お」「ご」를 붙인다.

お→「毎日お暑い日が続きますね」

ご→「先生からご褒美をいただきました」 등

(3) 겸양어에서 정녕어화(丁寧語化)한 것.

参る→「雪になって参りました」

申す→「『笑う門には福来る』と申します」 등

3. 경어를 만드는 5가지 방법

일본어의 경어를 만드는 방법에는 다음과 같이 5가지가 있다.

①먼저 존경어와 겸양어를 만드는 방법으로서의 접두어(接頭語) 및 접미어(接尾語)를 붙인다. ②전용경어(専用の敬語)로 바꾼다. ③「お~になる」등과 같은 어형(語形)을 첨가하는 3가지에다 ④정녕어(丁寧語)을 만드는 방법 ⑤경어는 아니지만 경어를 서포트하는 표현의 2가지를 더하여 5가지이다.

따라서 일본어에서는 위의 5가지 방법만 익혀 두면 거의 모든 말들을 경어로 바꿀 수 있다. 즉「なさる-する-いたす」등과 같이 같은 의미의 존경어-보통어-겸양어를 같은 문장 속에서 익히기보다 훨씬 싶게 이해할 수 있을 것으로 생각하는 것이다.

다음은 일본어의 경어를 만드는 5가지 방법이다.

Pattern1 주로 명사에 접두어 및 접미어를 붙인다.

　상대 또는 자신의 행동, 소지물, 상태 등을 나타내는 말의 전후에 존경이나 겸양, 정녕의 의미를 가진 말을 붙여서 경의를 나타낸다.
　「お仕事」「貴社」「拝見」「弊社」 등과 같이 어떤 말의 앞에 붙는 것을 「접두어(接頭語)」라고 한다. 이 경우 「お」나 「貴」는 존경의 의미를 가진 접두어이며, 「拝」나 「弊」는 겸양의 의미를 가진 접두어이다.
　그리고 「山田様」「課長殿」「私ども」「せがれめ」 등과 같이 어떤 말의 뒤에 붙는 것이 「접미어(接尾語)」이다. 접미어 중에서도 존경어의 의미를 가진 접미어와 겸양의 의미를 가진 접미어가 있다.
　이 밖에 「お昼休み」「ご褒美」 등과 같이 상대 또는 자신과 전혀 관계가 없는 말을 정중하게 말하는 경우에 사용하는 접두어도 있는데, 이러한 말들을 따로 분류하여 「미화어(美化語)」라고 하기도 한다.

Pattern2 주로 동사를 「전용 경어(専用敬語)」로 바꾼다.

　상대나 자신의 행동을 나타낼 경우는 Pattern2 「전용경어(専用の敬語)」로 바꾸어 말하는 방법과 Pattern3 「어형(語形)」을 첨가하는 두 가지 방법이 있다.
　「いる」나 「する」 등과 같은 극히 일상적인 동작에 대해서는 「いらっしゃる(존경어)」「おる(겸양어)」「なさる(존경어)」「いたす(겸양어)」처럼 이미 그 자체에 경의가 내포된 말이 존재하므로 그 말을 사용한다. 이와 같은 말들을 일본어 경어에서는 「전용경어(専用の敬語)」라고 한다.

Pattern3 주로 동사에 「어형(語形)」을 첨가한다.

상대나 자신의 행동을 나타낼 경우 사용하는 경어 형식이다. 「전용경어(專用の敬語)」가 존재하지 않는 동작의 경우는 「れる·られる(존경어)」나 「お…いたす(겸양어)」 등과 같이 경어로 만드는 성분(어형)을 첨가하여 사용한다.

Pattern4 주로 어미(語尾)를 바꾸어 정녕어(丁寧語)로 만든다.

정녕어(丁寧語)를 만드는 방법이다. 주로 어미(語尾)를 「です」 「ます」 등으로 바꾸어 듣는 이에게 경의(敬意)를 나타낸다.

〈표 2〉 격식을 차린 말

보통어	격식을 차린 말	보통어	격식을 차린 말
こっち	こちら	今度	このたび、このほど、今回
そっち	そちら	あとで	後ほど
あっち	あちら	さっき	さきほど
どっち	どちら	これから	今後、これより
どこ	どちら	すごく、とても	たいへん、非常に
今日	本日	ちょっと、少し	少々
あした	明日(みょうにち)	早く	早めに
次の日	翌日	本当に	まことに
次の次の日	翌々日	すぐ	早速(さっそく)、早急(そうきゅう)
あさって	明後日(みょうごにち)	とても~ない	とうてい~ない
きのう	昨日	どう	いかが
おととい	一昨日	いくら	いかほど、おいくら
去年	昨年	いい	よろしい
おととし	一昨年		けっこう
ゆうべ	昨夜	冷たい水	お冷や
けさ	今朝(こんちょう)、けさほど	すみません	申し訳ありません、
あしたの朝	明朝		れります
きょうの夜	今夜	さようなら	失礼します/いたいます
今	ただいま	ありがとう	ありがとうございます
このあいだ	先日		
(十分)ぐらい	(十分)ほど		

〈표 3〉 상대경어(「内」와 「外」)

「内」(겸양어)	「外」(존경어)	「内」(겸양어)	「外」(존경어)
家族	ご家族	おば	おばさん/さま
父, おやじ	お父さん/さま	いとこ	おいとこさん
母, おふくろ	お母さん/さま	孫	お孫さん
夫, たく	ご主人(さま)	うちのもの	おうちの方、おたくの方
妻, 家内, 女房(にょうぼう)	奥(おく)さん/さま	この人	この方、こちらの方
祖父	おじいさん/さま	みんな	皆様(みなさま)
祖母	おばあさん/さま	会社のもの	会社の方
子供	お子さん	山下	山下さん/さま
息子(むすこ)	(お)ぼっちゃん/ちゃま	社長の田中	田中社長(さん)
	息子(むすこ)さん、ご子息	教師	先生
娘(むすめ)	お嬢(じょう)さん, 娘さん	医者	お医者さん/さま
兄弟	ご兄弟	警官	おまわりさん
兄	お兄さん/さま	名前	(ご)芳名(ほうめい)
姉	お姉さん/さま	拙宅(せったく)	おたく
弟	弟さん	拙著(せっちょ)	高著
妹	妹さん	弊社(へいしゃ)	貴社
親類	ご親類	粗茶(そちゃ)	
おじ	おじさん/さま	粗饌(そさん)	

〈표 4〉 경어동사

보통어	존경어	겸양어
する	なさる	いたす
来る	いらっしゃる おいでになる 見える、お見えになる お越しになる	まいる、(目上の所へ) 伺う/上がる
行く	いらっしゃる おいでになる	まいる、(目上の所へ) 伺う/上がる
~てくる、~ていく	~ていらっしゃる	~てまいる(目上の所へ)~て上がる
持ってくる/いく	持っていらっしゃる	持ってまいる、(目上の所へ)持って上がる/持参する
いる	いらっしゃる おいでになる	おる
~ている	~ていらっしゃる	~ておる
訪ねる、訪問する		(目上の所へ)伺う/上がる
言う	おっしゃる	申す、(目上に)申し上げる
思う		存じる
知っている	ご存じです	存じている/おる (目上を)存じ上げている/おる
食べる、飲む	あがる、召し上がる	いただく
着る	召す、お召しになる	

보통어	존경어	겸양어
風邪	(お)風邪を召す	
年を取る	お年を召す	
気にいる	お気に召す	
聞く	(〜が)耳に入る	(目上の話を)伺う/承る/拝聴する
会う		(目上に)お目にかかる
見せる		(目上に)お目にかける/ご覧に入れる
見る	ご覧になる	(目上の物を)拝見する
〜てみる	〜てごらんになる	
借りる		(目上の物を)拝借する
上げる		(目上に)差し上げる
〜てあげる		(目上に)〜て差し上げる
もらう		(目上から)いただく/ちょうだいする/賜る(敬度が高い)
〜てもらう		(目上に)〜ていただく
くれる	下さる	
〜てくれる	〜てくださる	
(分かる、引き受ける)		承知する、かしこまる

PART I
일상생활 경어

1. 경어의 기본상식
2. 존경어
3. 겸양어
4. 이중경어
5. 인사
6. 방문
7. 초대
8. 손윗사람과의 대화
9. 손님을 맞이할 때
10. 관혼상제
11. 병문안
12. 변명
13. 틀리기 쉬운 표현

1. 경어의 기본상식

尊敬語、謙譲語、丁寧語の分類

[質問] 次の文章は敬語について説明したものです。（　）内に入る言葉を(ア)～(ケ)から選んで、文章を完成させてください。

(1) 相手を（ ① ）し、言葉の上で（ ② ）に位置づけて述べる言葉を尊敬語といいます。

(2) （ ③ ）が一歩下がって、相手を立てて述べる言葉を（ ④ ）といいます。

(3) 誰を立てるかということは、考えなくてよく（ ⑤ ）使える言葉を（ ⑥ ）といいます。

(4) 言葉の（ ⑦ ）に、「お」や「（ ⑧ ）」を付けて美化して表現する言葉を美化語といいます。

(5) ただし「お加減」「お忙しい」という場合は、相手を立てることになるので（ ⑨ ）になります。

(ア)尊敬語	(イ)謙譲語	(ウ)丁寧語	(エ)尊敬	(オ)上位
(カ)幅広く	(キ)前	(ク)ご	(ケ)自分	

존경어, 겸양어, 정녕어의 분류

[질문] 다음의 문장은 경어에 대해서 설명한 것입니다. ( ) 안에 들어갈 말을 (ア)~(ケ)에서 골라 문장을 완성시키시오.

①(エ)尊敬　②(オ)上位　③(ケ)自分　④(イ)謙譲語　⑤(カ)幅広く
⑥(ウ)丁寧語　⑦(キ)前　⑧(ク)ご　⑨(ア)尊敬語

경어(敬語)는 존경어(尊敬語), 겸양어(謙譲語), 정녕어(丁寧語)의 3가지로 분류됩니다.

겸양어는 화제 중 동작(내용)을 받는 사람이 화제 중의 동작(내용)의 주체(主体)보다도 상위(上位)이거나 청자(聴者)가 화자(話者)보다도 상위(上位)인 사실을 나타내는 말입니다.

예를 들면「これから○○社に伺います(지금부터 ○○회사로 찾아뵙겠습니다)」의 경우는 말하는 사람이 자신을 낮추어 말하는 표현을 사용하여(伺います) 결과적으로 ○○회사를 높이는 경우와「これから○○社に参ります(지금부터 ○○회사로 가겠습니다)」처럼 ○○회사를 높이고 있는 의미는 없으나 말하는 사람이 자신의 동작(내용)을 정중하게 말하고 있는 경우가 있습니다.

2. 존경어

尊敬語の種類と変化

[質問] 尊敬語は動詞、形容詞、形容動詞、名詞の語形を変化させて表現します。（　）内に言葉を入れて、敬語を説明する表を完成させてください。

品詞	分類	一般	尊敬語
（　①　）	語彙自体を変える	いる_行く	（　⑤　）
		（　②　）	召し上がる
		見る	（　⑥　）
		（　③　）	なさる
	お/ご~になる	待つ	（　⑦　）
		（　④　）	お掛けになる
	お/ご~です	待つ	（　⑧　）
		掛ける	（　⑨　）
	れ/られ	待つ	（　⑩　）
		掛ける	（　⑪　）
形容詞 / 形容動詞	お/ご~	忙しい	（　⑫　）
		多忙	（　⑬　）
名詞	お/ご~	車	（　⑭　）
		亭主	（　⑮　）
	み/貴	会社	（　⑯　）

존경어의 종류와 변화

[질문] 존경어는 동사(動詞), 형용사(形容詞), 형용동사(形容動詞), 명사(名詞)의 어형(語形)을 변화시켜 표현합니다. (   ) 안에 적당한 말을 넣어서 경어를 설명하는 표를 완성하시오.

①動詞	②食べる	③する	④掛ける
⑤いらっしゃる	⑥ご覧になる	⑦お待ちになる	⑧お待ちです
⑨お掛けです	⑩待たれる	⑪掛けられる	⑫お忙しい
⑬ご多忙	⑭お車	⑮ご亭主	⑯貴社

　이 외에 사람에 대해서 존경의 의도를 표현할 경우는 이름 뒤에 「さん」「様」「殿」「先輩」「先生」를 붙입니다. 그리고 일본어에서는 「部長」「社長」 등과 같은 직위도 존경어의 한 종류가 됩니다. 따라서 외부에서 온 사람에게 자기 회사의 사람을 직위를 붙여서 소개할 경우는 「○○課長(○○과장님)」「◎◎部長(◎◎부장님)」이 아니라 「課長の○○(과장인 ○○)」「部長の◎◎(부장인 ◎◎)」라고 말해야 합니다.

3. 겸양어

謙譲語の種類と変化
(けんじょうご しゅるい へんか)

[質問] 次の表は謙譲語の種類を表したものです。表の中の空欄を埋めてください。

品詞	分類	一般	謙譲語
動詞	語彙自体が変わる	行く	(②)
		見る	(③)
		(①)	いたす
	お/ご~する	待つ	(④)
		掛ける	(⑤)
		相談する	(⑥)
	お/ご~いただく 申し上げる	買ってもらう	(⑦)
		辞退する	(⑧)
名詞		茶	(⑨)
		品	(⑩)
		息子	(⑪)
		当社	(⑫)

겸양어의 종류와 변화

[질문] 다음의 표는 겸양어(謙讓語)의 종류를 나타낸 것입니다. 표 속의 공란을 메우시오.

①する	②伺う	③拝見する	④お待ちする
⑤お掛けする	⑥ご相談する	⑦お買いいただく	⑧ご辞退申し上げる
⑨粗茶	⑩粗品	⑪愚息	⑫弊社

존경어와 겸양어의 형태가 같은 말

존경어	先生からのお手紙、お客様からのご連絡
겸양어	先生へのお手紙、お客様へのご連絡

4. 이중경어

お召し上がりください(?)

[質問] ひとつの単語に二重に敬語を付けたものを二重敬語といい、間違った敬語の使い方とされます。さて、次の①~⑥の表現で二重敬語とされるものを２つ選んでください。

①「お考えになっていらっしゃいます」

②「お考えの末、おっしゃられました」

③「お考えあそばしました」

④「召し上がってみてください」

⑤「お召し上がりください」

⑥「召し上がってごらんなさい」

드셔 주십시오

[질문] 하나의 단어에 이중으로 경어를 붙인 것을 이중경어(二重敬語)라고 하며, 잘못된 경어 사용법으로 봅니다. 따라서 다음 ①~⑥의 표현 중에서 이중경어(二重敬語)로 된 것을 두 개 골라 보시오.

  답은 ②와 ⑤로서,
  ②를 바르게 고치면「お考えの末、おっしゃいました(생각하신 다음 말씀하셨습니다)」가 됩니다.
  ⑤를 바르게 고치면「召し上がりください(드셔 주십시오)」가 됩니다.

  그리고,
  ①을 분해하면「考える」의 존경어「お考え」와「いる」의 경어인「いらっしゃる」가 됩니다.
  ②는「言う」의 경어「おっしゃる」에 경어의 조동사「~られる」가 붙은 이중경어입니다.
  ③은「考える」와「する」의 경어인「あそばす」가 합쳐진 말입니다.
  ④는「食べる」의「召し上がる」와「みる」가 합쳐진 말입니다.
  ⑤는「食べる」의 경어인「召し上がる」에 다시 경어의 접두사「お」가 붙은 이중경어입니다.
  ⑥은「食べる」와「みる」를 각각 경어로 바꾼 것입니다.

4. 이중경어 - 「～あげる」표현

Part 01

自分をほめてあげたい気分です(?)

[質問] 次の表現は正しくありません。正しい言い方に変えましょう。

(1)「愛犬には栄養バランスのいいエサをあげています」
　（　　　　　　　　　　　　　　　　）

(2)「子どもの誕生日には、プレゼントを買ってあげるつもりです」
　（　　　　　　　　　　　　　　　　）

(3)「頑張った自分をほめてあげたい気分です」
　（　　　　　　　　　　　　　　　　）

(4)「この服にはこちらのスカートを使ってあげると素敵です」
　（　　　　　　　　　　　　　　　　）

(5)「孫に絵本を読んであげるのが、私の夢です」
　（　　　　　　　　　　　　　　　　）

자신을 칭찬해 주고 싶은 기분입니다

[질문] 다음 표현은 바르지 않습니다. 올바른 표현으로 바꾸시오.

(1)「愛犬には栄養バランスのいいエサを与えています」

(2)「子どもの誕生日には、プレゼントを買ってやるつもりです」

(3)「頑張った自分をほめてやりたい気分です」

(4)「この服にはこちらのスカートを組み合わせると素敵です」

(5)「孫に絵本を読んでやるのが、私の夢です」

「あげる」란 「やる」 「与える」의 겸양어입니다. 따라서 이야기 중에 그 동작을 받는 사람이 그 동작의 주체자보다도 상위 또는 동등한 경우, 예를 들면 「先生にあげる(선생님에게 드리다)」 「お友達にあげる(친구분에게 드리다)」 등의 경우에 사용합니다. 하지만 주인이 개에 대해서, 부모가 아이에 대해서, 자신이 자신에 대해서, 또는 물건에 대해서 겸양어를 사용하는 것은 올바르지 않습니다. 일본어에서 「やる」가 미치는 영향력이 크기 때문에 그 정녕표현(丁寧表現)으로서 「~あげる」라는 표현이 지나치게 많이 사용되고 있는 탓이라고 봅니다만 주의해야 할 것입니다.

5. 인사

それでは、あした伺います(?)

[質問] 次の例文は正しくありません。その理由を①~③から選んでください。

(1)「それでは、あした伺います」
　①「それでは」という言い方がよくない。
　②「あした」が丁寧語になっていない。
　③「伺い」は尊敬語なので間違いである。

(2)「ただいま、ご紹介されました、○○でございます」
　①「ただいま」が丁寧語になっていない。
　②自分が紹介されたのに「ご紹介」となっている。
　③「されました」が敬語になっていない。

(3)「かわいい犬でいらっしゃいますね」
　①「かわいい」という表現がよくない。
　②犬が「いらっしゃる」ということになるので、間違いである。
　③飼い主に対する尊敬語になっていない。

그럼 내일 찾아뵙겠습니다

[질문] 다음 예문은 바르지 않습니다. 그 이유를 ①~③에서 고르시오.

(1) ②
　격식을 차려서 말할 경우는 「あした」가 아니라 「みょうにち」라고 하는 쪽이 적절한 표현이 됩니다. 마찬가지로 「きょう」는 「本日」로, 「きのう」는 「さくじつ」로 표현합니다.

(2) ③
　「ご紹介されました」가 아니라 「ご紹介いただきました(소개 받았습니다)」 쪽이 적절한 표현이 됩니다. 「された」라는 표현은 수동태로도 볼 수 있고, 자기 멋대로 소개한다는 뉘앙스도 있습니다. 「ご紹介」의 경우는 상대방이 소개를 해 주고 있기 때문에 「ご」를 붙여도 괜찮다고 봅니다.

(3) ②
　주인에 대한 존경을 나타내는 경우라면 「かわいい犬を飼っていらっしゃいますね(귀여운 개를 키우고 계시군요)」라고 하여 「いらっしゃる」라는 경어를 주인에게 사용해야 합니다. 사물이나 동물에게는 존경표현을 사용하지 않습니다.

5. 인사

気に入っていただけて、お連れしたかいがあります(?)

[質問] 次の言い方は、敬語としてふさわしくありません。正しい言い方に直しましょう。

(1)「気に入っていただけて、お連れしたかいがあります」
　(　　　　　　　　　　　　　　　　)

(2)「体調が悪いので、今日はお先に失礼します」
　(　　　　　　　　　　　　　　　　)

(3)「具合が悪かったそうですが、その後いかがですか」
　(　　　　　　　　　　　　　　　　)

(4)(弔問で)「あまりに突然なことで、過酷な運命としか思えませんね」
　(　　　　　　　　　　　　　　　　)

(5)「長いご病気の末でしたから、やっとご本人も苦しみから解放されましたね」
　(　　　　　　　　　　　　　　　　)

마음에 들어 하셔서 모시고 간 보람이 있습니다

[질문] 다음 표현은 경어로서 적합하지 않습니다. 올바른 표현으로 고치시오.

(1) 「お気に召していただけて、ご案内したかいがありました(기분에 들어 하셔서 안내해 드린 보람이 있습니다)」

　「気に入って」는 「お気に召して」로 고쳐야 합니다. 그리고 「連れてきた」에서는 경의를 느낄 수 없으며 높은 곳에서 내려다보면서 무언가를 말하고 있는 듯한 느낌이 듭니다.

(2) 「本日は早めに失礼させていただきたいのですが、お許しいただけますか(오늘은 빨리 실례하고 싶습니다만 허락해 주시겠습니까)」

　갑작스런 조퇴는 주위 사람들에게 폐를 끼치는 일이 되기 때문에 정중하게 사죄를 하고 허가를 받는 기분으로 말해야 합니다.

(3) 「お加減が悪かったそうですが、その後いかがですか(사정이 좋지 않았다고 들었습니다만 그 뒤 어떻습니까)」

　「お加減」이란 말에는 사람의 마음을 누그러뜨리는 온화한 어감이 있습니다.

(4) 「あまりに突然のことで、信じられないと思います(너무나 갑작스런 일이라서 믿어지지가 않습니다)」

　「運命」이란 진행 상태나 방법이 어쩔 수 없었던 숙명이라는 의미를 담은 말로서 조문객이 사용해서는 안 되는 말입니다.

(5) 「必ず回復されると信じておりました(반드시 회복하실 것으로 믿고 있었습니다)」

　오랫동안 고생한 병의 끝이라고 해도 「楽になった(편안하게 되다)」 「解放された(해방되었다)」라는 말은 가족 이외의 사람이 사용해서는 안 됩니다.

6. 訪問

Part 01

鈴木さんはおられますか(?)

[質問] 次のような状況にふさわしい敬語を①~②から選んでください。

(1) 所在を確認するとき
　① 「鈴木さんは、おられますか」
　② 「鈴木さんはいらっしゃいますか」

(2) 不始末をお詫びして
　①「このたびは、本当に不調法しました」
　②「このたびは、誠に失礼いたしました」

(3) ご招待されてのお礼
　①「本日はお招きありがとうございます」
　②「本日はお招きいただき、ありがとうございます」

스즈키 씨는 계십니까

[질문] 다음과 같은 상황에 적합한 경어를 ①~②에서 고르시오.

(1) ②

「おられますか」는 「いる」의 정녕어(丁寧語)인 「おる」에 정녕(丁寧)의 조동사 「ます」가 연결된 것입니다. 존경해야만 하는 상대방, 예를 들면 「鈴木さんはいますか」를 정녕어로 말해야 한다면 「鈴木さんは、おられますか」보다는 「鈴木さんはいらっしゃいますか(스즈키 씨는 계십니까)」라고 말해야 합니다. 그리고 그러한 말을 스즈끼 씨가 들었다면 스즈끼 씨는 「ここにおります(여기에 있습니다)」라고 대답해야 할 것입니다. 따라서 「おります」는 존경어가 아닌 겸양어로서 사용되는 경우가 많다고 할 수 있습니다.

(2) ②

「不調法しました(잘못했습니다, 서툴렀습니다)」는 정녕한 표현이긴 합니다만 상대방에게 경의를 나타내는 표현은 아닙니다. 그리고 상대방에게 진지하게 사죄하는 자세를 나타낼 때는 「本当に」「どうも」 등과 같은 말보다는 「誠に」를 사용합니다.

(3) ②

「お招き」는 정녕한 표현이긴 합니다만 예문에서와 같은 사례 인사의 경우는 특히 격식을 차린 표현을 해야 합니다.

6. 방문

つまらないものですが、どうぞ(?)

[質問] 敬語として適切ではないものを①~③から選んでください。

(1) 先輩・上司のお宅に訪問して
　①「本日はお招きいただいてありがとうございます」
　②「つまらないものですが、どうぞ」
　③「そろそろおいとまさせていただきます」

(2) 上司のお宅での会話
　①「どうぞお心遣いいただきませんよう」
　②「お母様のお加減はいかがでしょうか」
　③「オヤジは中学の先生をしています」

(3) 用事で上司のお宅に訪問して
　①「何かお手伝いしましょうか」
　②(上がるように勧められて)「本日は用事がありますので、帰ります」
　③「タバコを吸ってもよろしいでしょうか」

보잘 것 없는 물건입니다만 받아주십시오

[질문] 경어로서 적절하지 않는 것을 ①~③에서 고르시오.

(1) ②

　선물을 드릴 때 겸손한 의미로 「つまらないもの(보잘 것 없는)」라는 표현을 합니다만, 여기에서는 「心ばかりのもの(작은 성의)」라는 말이 일반적인 표현입니다.

(2) ③

　「オヤジ」는 「父」로 고쳐야 합니다. 「先生」는 경어표현이기 때문에 「教師」라고 바꾸어야 합니다. 「父親」라는 표현도 사용하지 않도록 하여야 합니다.

(3) ②

　들어오도록 권유를 받았더라도 「本日は用事がございますので、ここで失礼させていただきます(오늘은 일이 있어서 여기에서 실례하겠습니다)」라고 정중하게 거절하는 것이 매너가 있는 표현이라고 할 수 있을 것입니다. 그리고 담배는 재떨이가 있거나 주인이 피우고 있는 경우에만 허가를 얻도록 하여야 할 것입니다.

7. 초대

お子さんに差し上げてください(?)

[質問] 次の受け答えを失礼のない言い方に直してください。

(1) 招待先を尋ねたとき、手みやげを出しながら
　「お子さんに差し上げてください」

(2) おいしいご馳走をいただいたところで、主人から食後の飲み物を聞かれて
　「コーヒーでいいです」

(3) 目上の人と食事をすることになって、何を食べるか相談していて
　「おじさまのご一存にお任せいたします」

(4) お酒を勧められて
　「すいません。飲めないんです」

자제분에게 드려 주십시오

[질문] 다음의 대답 표현을 실례가 되지 않는 말로 바꾸시오.

(1)「お子さんにお渡しください」
　「差し上げる」는「与える」의 겸양어입니다. 실제로 주는 행동을 하는 것은 상대방이기 때문에 여기에서 겸양어를 사용하는 것은 상대방에게 실례가 됩니다. 따라서 이 경우는「お子さんに差し上げたいので、どうぞお渡しください(자제분에게 드리고 싶으므로 잘 전해 주십시오)」라고 하거나「お子さんにお渡しください(자제분에게 전해 주십시오)」라는 표현을 사용해야 합니다.

(2)「コーヒーがいいです」
　「が」와「で」의 어느 쪽을 사용하느냐에 따라 상대방에게 주는 뉘앙스가 크게 달라집니다.「で」의 경우는 상대방이「本当は気に入らないけれど、まあ、いいか(사실은 마음에 들지 않지만 그렇게 할까)」라는 느낌을 받았다고 하더라도 할 말이 없습니다.

(3)「おじさまのお好みにお任せします」
　「一存」이라는 말은 자신만의 생각이라는 의미로서 겸양어입니다. 따라서「この件は、私の一存で決めさせていただきました(이 일은 저의 생각만으로 결정하였습니다)」라는 느낌으로 사용합니다.

(4)「あいにく不調法で申し訳ございません」
　다른 사람에게 술을 권유 받더라도 마실 수가 없는 경우는 어떻게 해서라도 거절을 해야 합니다. 그러한 경우에는「飲めません(마시지 못합니다)」이라고 한마디로 잘라서 말하기보다는「不調法で(시원찮아서, 서툴러서)」로 부드럽게 표현하는 쪽이 호감도가 올라갑니다.

8. 손윗사람과의 대화

Part 01

お行きになれば到着します

[質問] 次の言い方のうち、正しいほうを選びましょう。

(1) 道を聞かれて
　① 「○○警察は、国道を東にまっすぐお行きになられれば到着します」
　② 「○○警察は、国道を東にまっすぐいらっしゃれば到着します」

(2) 別れる際に
　① 「どうぞお気をつけていらしてください」
　② 「どうぞお気をつけください」

(3) 訪問者に対して
　① 「本日はどうぞごゆっくりしてください」
　② 「本日はどうぞごゆっくりなさってください」

(4) 交際を断る
　① 「私には不釣合いの方と思われます」
　② 「私には過ぎた方と思われます」

가시면 도착합니다

[질문] 다음 표현 중에서 올바른 것을 고르시오.

(1) ②
「お行きになられれば」는 「お」+「~なられる」의 이중경어가 되기 때문에 「いらっしゃる」를 사용합니다.

(2) ②
「気をつけて」는 「気をつけ(동사의 연용형)+て(조사)」이고, 「気をつけ」는 「気をつける」(동사)의 명사형입니다. 따라서 「お気をつけて」는 동사 「気をつける」에 「お」를 붙인 표현이 되므로 오용이 됩니다. 접두사 「お」는 명사에 붙일 수 있기 때문에 ②가 바른 표현이 됩니다.

(3) ②
「ゆっくり」+「する」에서 ①은 올바른 경어 표현이라고 할 수 없습니다.

(4) ②
원래 화자로서는 자신은 상대방과 비교할 때 여러 가지 의미에서 뒤떨어진다는 의미로 사용할 생각이었는데, ①의 경우는 전혀 반대로 받아들여지거나 해석되는 수가 있습니다.

8. 손윗사람과의 대화

厚くお詫び申し上げます(?)

[質問] 敬語としてふさわしくない言い方を選び、正しい言い方に変えてください。

(1) 趣味の話をしていて
　①「テニスをおやりになるそうですね」
　②「スポーツマンでいらっしゃるのですね」

(2) お詫びのために訪問して
　①「このたびは、迷惑をおかけして厚くお詫び申し上げます」
　②「すぐにおいとましますので、どうぞお構いなく」

(3) 初対面での自己紹介で
　①「僭越ですが、自己紹介させていただきます」
　②「初めまして。私は鈴木政夫と申します」

(4) お茶かコーヒー、どちらがいいか聞かれて
　①「すいません。お茶をお願いします」
　②「コーヒーをいただきます」

깊이 사죄드립니다

[질문] 경어로서 적절하지 않은 표현을 골라 올바른 표현으로 고치시오.

(1) ①「テニスをなさるのですか(테니스를 하십니까)」
「する」의 존경어는 「なさる」입니다. 「やる」에 「お」를 붙인 「おやりになる」라는 말은 정확한 경어 표현이 아닙니다.

(2) ①「このたびは、ご迷惑をおかけして深くお詫び申し上げます(요전에는 폐를 끼쳐드려 깊이 사죄드립니다)」
사죄할 때는 「深く」를 사용하며, 「厚く」는 「厚く感謝申し上げます(깊이 감사드립니다)」와 같이 감사를 표현할 때 사용하는 말입니다.

(3) ①「初めまして。自己紹介をさせていただきます(처음 뵙겠습니다. 자기 소개를 하겠습니다)」
「僭越」이란 자신의 처지나 권한을 넘어 주제넘은 일을 한다는 의미로서 이러한 경우에 사용하는 말이 아닙니다. 또한 「僭越ですが」가 아니라 「僭越ながら(주제넘지만, 외람되지만)」라고 하는 것이 올바른 표현입니다.

(4) ①「ありがとうございます。お茶をいただきます(고맙습니다. 차를 마시겠습니다)」
먼저 사례의 인사를 하고 나서 희망하는 음료를 분명하게 말하도록 합니다.

8. 손윗사람과의 대화

Part 01

コンサートにご一緒に参りませんか

[質問] こんな場合は、どう言ったらいいでしょうか。ふさわしい言い方を①~③から選んでください。

(1) 最近親しくなった友人をコンサートに誘うとき。
「コンサートにご一緒に（　　　）?」
① 参りませんか
② 行きませんか
③ お出掛けしませんか

(2) 交通機関のアクシデントで遅刻し、大事なお客様を待たせてしまった。
「遅れまして（　　　）?」
① 恐れ入りました
② 申し訳ございません
③ どうも。電車が遅れたものですから

(3) 目上の人から、「奥さんは元気か」と声を掛けられて。
「（　　　）は、今、義母の看護で実家に帰っています」
① うちの女房
② うちのカミさん
③ 家内

콘서트에 함께 가시지 않겠습니까

[질문] 이러한 경우는 어떻게 말하면 좋을까요. 적절한 표현을 ①~③에서 고르시오.

(1) ②
「参る」란 표현은 겸양어이기 때문에 상대방에게 권유할 경우는 「ご一緒しませんか(함께 하시지 않겠습니까)」 혹은 「ご一緒に行きませんか(함께 가시지 않겠습니까)」로 충분합니다.

(2) ②
상대방에게 사과할 때 「恐れ入ります(송구합니다)」라는 표현을 사용하는 사람이 있습니다만, 이 표현은 본래 상대방에게 감사의 마음을 나타내는 경우에 사용하는 말입니다. 또한 「どうも」라는 말을 「申し訳ありません(죄송합니다)」「ありがとう(고마워)」라는 의미로 사용하는 것은 매우 친한 관계에서만 가능합니다.

(3) ③
윗사람에게 자기 부인에 관한 이야기를 할 때는 아주 친하지 않는 한 「家内」라고 말합니다. 동료나 친한 관계이라면 「カミさん」이나 「女房」라는 표현도 허용됩니다.

8. 손윗사람과의 대화

どこでお求めしたのですか

[質問] なんだか変な敬語です。正しい敬語に直してください。

(1)「素敵なワンピースですね。どこでお求めしたのですか」
　　(　　　　　　　　　　　　　　　　　　　　)

(2)「来週、ランチをいただきに行きませんか」
　　(　　　　　　　　　　　　　　　　　　　　)

(3)「派手な洋服が似合うあなたには、ピッタリなお洋服ですね」
　　(　　　　　　　　　　　　　　　　　　　　)

(4)「私って、どちらかというと控えめな性格じゃないですか」
　　(　　　　　　　　　　　　　　　　　　　　)

(5)「説明いたしました内容をわかられましたか」
　　(　　　　　　　　　　　　　　　　　　　　)

어디에서 사셨습니까

[질문] 무언가 이상한 경어입니다. 올바른 경어로 고치시오.

(1) 「素敵なワンピースですね。どこでお求めになったのですか(멋진 원피스이군요. 어디서 사신 것입니까)」

 「お求めした」는 물건을 산 가게는 높이고 산 사람을 낮추게 되는 표현입니다.

(2) 「来週、ランチにご一緒しませんか(다음 주 점심을 같이 하지 않겠습니까)」

 「いただく」는 겸양표현이기 때문에 상대방과 같이 먹으려는 경우의 말로는 적절하지 않습니다.

(3) 「華やかな洋服が似合うあなたに、ピッタリなお洋服ですね(화려한 양복이 어울리는 당신에게 딱 맞는 양복이군요)」

 「派手な」라는 표현은 받아들이는 경우에 따라 상대방을 비방하는 형용사가 되기도 하여 상대방을 불쾌하게 만들 수 있습니다.

(4) 「私は人から控えめな性格だと言われます(나는 다른 사람으로부터 내성적인 성격이라는 말을 듣습니다)」

 「~じゃないですか」라는 표현은 누구나 알고 있는 것이나, 상대방이 알고 있을 리가 없는 사실에 대해서 사용하면 듣는 사람이 불쾌하게 됩니다.

(5) 「説明いたしました内容をご理解いただけましたか(설명 드린 내용을 이해하셨습니까)」

 대부분의 말들이 「~される」로 존경어가 되지만 「わかる」의 경우는 「~られる」를 붙여도 존경어가 되지 않습니다.

9. 손님을 맞이할 때

材料を持ってこられないと…

［質問］次の言葉は、お客様をお迎えしてのものです。おかしいのはどちらでしょうか。

(1) 訪問者に対して
　①「あいにくのお天気の中をお越しくださいまして」
　②「あいにくのお天気の中をお越しいただきまして」

(2) 道順を尋ねて
　①「○○まで行きたいんですけど、道をご存知ですか」
　②「○○まで行きたいんですが、道順を教えていただけますか」

(3) 新しい職場の様子を聞かれて
　①「先輩がいろいろと教えてくださっています」
　②「先輩からいろいろと教えていただいています」

(4) 料理教室の生徒に対して
　①「材料を持ってこられないと料理はできません」
　②「材料をお持ちにならないと料理はできかねます」

재료를 갖고 오지 않으시면…

[질문] 다음 말들은 손님을 맞이했을 때의 표현입니다. 어울리지 않는 표현을 고르시오.

(1) ①
「くださる」와 「いただく」라는 겸양표현 중에서는 「いただく」 쪽이 의미가 강합니다. 따라서 악천후를 무릅쓰고 방문을 해주셔서 고맙다는 감사의 마음을 나타내기 위해서는 「いただく」라는 표현을 사용하는 것이 보다 적절합니다.

(2) ①
길을 안내해 주도록 부탁하는 말이므로 정중하게 겸양표현으로 물어야 합니다.

(3) ①
(1)에서 설명한 바와 같이 「いただく」 쪽이 겸양표현으로서의 의미가 강하기 때문에 「教えていただいてありがたい(가르쳐 주셔서 고맙다)」라는 기분을 솔직하게 표현할 수 있습니다.

(4) ①
화자는 「持つ」「来る」「られる」를 조합하여 경어표현으로 사용할 생각이었는지 모르겠지만 이러한 표현은 가능표현으로도 해석할 수 있기 때문에 청자의 입장에서는 알아듣기 힘든 표현이 됩니다.

10. 관혼상제

続いて田中課長のご祝詞を賜ります

[質問] 次のような状況では適当でない表現を①~③から選んでください。

(1) 結婚式で
　① 「本日は誠におめでとうございます」
　② 「新郎新婦のご入場でございます」
　③ (主賓に)「続いて田中課長のご祝詞を賜ります」

(2) 葬儀で
　① 「私でお役に立てることがおありでしたら、いつでもお申し付けください」
　② 「故人の遺志により、香典などの気遣いは無用です」
　③ 「さぞかしご落胆のこととお察し申し上げます」

(3) 葬儀で香典を受け取る
　① 「ありがたく頂戴いたします」
　② 「お預かりいたします」
　③ 「供えさせていただきます」

이어서 다나카 과장님이 축사를 하시겠습니다

[질문] 다음과 같은 상황에서 적당하지 않은 표현을 ①~③에서 고르시오.

(1) ③

「賜ります」는 「もらう」의 최상급의 경의를 나타내는 말입니다. 따라서 「賜る」을 결혼식에서 사용할 경우는 가장 중요한 주빈(主賓)에게만 가능합니다. 이 경우는 「ご祝辞をいただきます」가 적절한 표현이라고 할 수 있습니다.

(2) ②

상대방에게 충분한 경의를 나타내려 한다면 「香典」을 「ご香典」 「気遣い」를 「お気遣い」 「無用」를 「ご無用」로 고쳐야 합니다. 그러나 「無用」라는 말보다는 「ご辞退申し上げます(사퇴하겠습니다)」 「ご遠慮申し上げます(배려를 부탁드립니다)」라는 쪽이 보다 부드럽고 호감도를 높여 주는 말이 됩니다.

(3) ①

「どうかご霊前にお供えください(부디 영전에 바쳐 주십시오)」라는 말과 함께 받은 향전(香典)은 「お供えいたします(바치겠습니다)」 「お預かりいたします(잘 받겠습니다)」라고 말하며, 「頂戴します」 또는 「いただきます」라는 말은 사용하지 않습니다.

Part 01

10. 관혼상제

祝電が参っています

[質問] 結婚式の席上でこんな言葉が聞かれました。なんだか変です。正しい言い方に直しましょう。

(1)「祝電が参っています」
　（　　　　　　　　　　　　　）

(2)「お色直しが終わって、花嫁さんが入場されます」
　（　　　　　　　　　　　　　）

(3)「お宅のお嬢様もご結婚されたそうですね」
　（　　　　　　　　　　　　　）

(4)「どうぞお足を楽になさってください」
　（　　　　　　　　　　　　　）

(5)「この指輪は旦那のお母さまからいただいたものなの」
　（　　　　　　　　　　　　　）

축전이 들어와 있습니다

[질문] 결혼식 석상에서 다음과 같은 말을 들었습니다. 무언가 이상하다는 생각이 들었습니다. 올바른 표현으로 고치시오.

(1) 「祝電をいただいています(축전을 받았습니다)」
　　「参る」는 겸양표현입니다. 누군가에게 겸양의 뜻을 표현하는 말입니다. 축전을 친 분에게는 당연히 감사한 마음을 가져야 하므로 존경어 표현을 사용해야 합니다.

(2) 「お色直しをされた花嫁さんが入場されます(예쁘게 단장을 한 신부님이 입장하십니다)」
　　결혼식이나 장례식에시는 사용해서는 안 되는 이미코토바(忌み言葉)가 있습니다.
　　결혼식 : 「別れる, 終わる, 切れる, 帰る, 出る, 戻る, 去る 등(이별이나 반복을 연상하는 말)」
　　장례식 : 「重ね重ね, くれぐれも, 返す返す, いよいよ, たびたび, 死亡, 死去, 苦しい, 迷う 등(반복, 죽음, 불행을 연상하는 말)」

(3) 「お宅のお嬢様も結婚されたそうですね(댁의 따님도 결혼을 하셨다더군요)」
　　「~される」라는 존경표현의 경우는 「お」나 「ご」를 붙이지 않습니다.

(4) 「どうぞおみ足を楽になさってください(부디 발을 편히 하십시오)」
　　「足」에 「お」를 붙이면 「おあし」로 돈(お金)을 나타내는 말이 되어버리기 때문에, 이 경우는 「御御足(おみあし)」라는 표현을 사용합니다.

(5) 「この指輪は夫の母からもらったものなの(이 반지는 남편의 어머니로부터 받은 거야)」
　　남편의 어머니도 우리 집안사람(身内)입니다.

10. 관혼상제

皆々様にお祝い申し上げます

[質問] 結婚式にふさわしくない言い方はどれでしょうか。①~⑩から3つ選び、その理由も述べてください。

① 「本日は誠におめでとうございます」

② 「新郎新婦の入場でございます」

③ (「ご結婚おめでとう」と言われて)「どういたしまして」

④ 「皆々様にお祝いを申し上げます」

⑤ 「これより披露宴を始めます」

⑥ 「お二人にこの歌を賜ります」

⑦ 「ケーキご入刀です」

⑧ 「どうか末永くお幸せに」

⑨ 「式を終わりにしたいと思います」

⑩ 「結びに花束の贈呈です」

여러분 모두에게 축하드립니다

[질문] 결혼식에 어울리지 않는 표현은 어느 것일까요. ①~⑩에서 3개를 골라 그 이유도 쓰시오.

③ 「どういたしまして(천만에요)」는 자신이 행한 일로 상대방에게 감사의 인사를 받을 때에 겸손한 뜻을 담아 대답하는 말입니다.
　　이 경우는 「ありがとうございます(고맙습니다)」라고 말합니다.

④ 결혼식에서는 사용하지 말아야 할 이미코토바(忌み言葉)인 「皆々様(여러분 모두)」가 중복으로 들어 있습니다.
　　「(ご家族の) 皆様((가족) 여러분)」로 충분합니다.

⑨ 「終わり」라는 말은 결혼식에서 사용해서는 안 되는 이미코토바(忌み言葉)입니다.
　　「式をお開きにしたいと思います(식을 마치고자 합니다)」

Part 01

10. 관혼상제

ご冥福をお祈り申し上げます(?)

[質問] 葬儀の場ではふさわしくない言い方が入っています。①~⑩からそれを選び、理由も述べてください。

① 「私でお役に立つことがあれば、いつでもお申し付けください」

② 「故人の遺志により、香典などの心遣いは無用です」

③ 「さぞかしご落胆のこととお察し申し上げます」

④ 「このたびはご母堂様がお亡くなりの由、お悔やみも申し上げず失礼いたしました」

⑤ 「ご霊前に申し上げます」

⑥ 「このたびはご愁傷様です」

⑦ 「とんだことになりましたね」

⑧ 「本当に残念です」

⑨ 「ご冥福をお祈りいたします」

⑩ 「お気落としのないよう」

명복을 빕니다

[질문] 다음 중 장례식장에서 어울리지 않는 표현이 있습니다. ①~⑩에서 그러한 표현들을 고르고 그 이유도 쓰시오.

② 「香典」이나 「心遣い」는 상대방이 하는 행동이므로 「お香典」「お心遣い」가 됩니다. 또한 「無用」도 상대방에게 하는 말이기 때문에 「ご無用です」가 됩니다.
　그러나 이러한 경우는 「ご遠慮申し上げます(배려를 부탁드립니다)」「ご辞退申し上げます(사퇴하겠습니다)」라고 말하는 것이 보통입니다.

⑦ 「とんだこと(엄청난, 엉뚱한 일)」라는 표현은 불길한 일이 일어났을 때에 사용하는 말이므로 장례식에서는 하지 말아야 할 이미코토바(忌み言葉)입니다.
　결혼식과 마찬가지로 장례식에서도 이미코토바(忌み言葉)가 있습니다. 죽음이나 불행을 연상하는 말이나 반복되는 말 등을 사용해서는 안 됩니다.

⑨ 「冥福」이란 불교에서 말하는 사후의 행복이라는 의미입니다. 그러나 불교식 이외에는 오히려 사용하지 않는 쪽이 좋은 말이기도 합니다.
　따라서 「冥福」라는 말은 고인에 대해서 그다지 잘 알지 못하는 경우는 사용하지 않는 쪽이 무난합니다.

Part 01

11. 병문안

仕事は万事順調です(?)

[質問] お見舞いで言わないほうがいい言葉を①~③から選び、その理由も答えてください。

(1) 入院している上司は、顔色も悪くとても具合が悪そうな様子でした
　①「お加減はいかがでしょうか」
　②「ご家族の方から大事ないと伺いましたが」
　③「お疲れになるといけませんから、早めに失礼します」

(2) 入院している上司から、仕事の様子を聞かれて
　①「仕事に復帰される日を、みんなで首を長くして待っています」
　②「あせらず十分にご養生ください」
　③「仕事は万事順調ですから、どうぞご安心ください」

(3) お見舞いの品を差し出すとき
　①「気晴らしになればと思いまして、持って参りました」
　②「心ばかりのお見舞いでございます」
　③「つまらないものですが、お見舞いを持って参りました」

일은 만사가 순조롭습니다

[질문] 병문안을 했을 때 하지 않아야 할 말을 ①~③에서 고르고 그 이유도 쓰시오.

(1) ①

「お加減はどうか(상태는 어떤가)」라는 질문을 받으면, 환자가 상태가 나쁘더라도 「なんとかがんばっている(어떻게든 견디고 있다)」라고 대답할 수밖에 없습니다. 순조로운 회복 상태에서 건강한 모습을 보이고 있다면 이러한 질문에 대해서도 밝은 표정으로 대답을 하겠지만, 그러지 않을 때는 조심성 없이 던진 질문이 될 수 있습니다. 「おつらそうですね(힘드신 것 같군요)」 「たいへんですね(큰일이군요)」 등과 같은 말도 하지 말아야 할 금구(禁句)입니다.

(2) ③

상사의 질문에 대답을 하는 쪽은 「そんなに心配なさらなくても、今はとりあえず養生が第一(그렇게 걱정을 하시지 않아도 좋습니다. 지금은 무엇보다도 몸을 돌보는 것이 첫째입니다)」라는 의미였어도 받아들이는 쪽은 쇼크입니다. 「ああ、自分がいなくても、仕事には影響がないのか(아, 내가 없어도 일에는 아무런 영향이 없는 건가)」라고 실망하거나 초조해지게 됩니다.

(3) ③

겸손한 마음으로 선물 등을 건넬 때에 「つまらないものですが(보잘것 없는 것입니다만)」라는 말을 자주 합니다. 그러나 이 경우에는 병문안 선물로 준비한 것이기 때문에 이러한 표현은 피해야 할 것입니다. 「ご気分のいいときに(기분이 좋으실 때)」 「気晴らしになれば(기분 전환에 도움이 되신다면)」 등이라는 말을 덧붙이는 게 좋습니다.

Part 01　12. 변명

忘れてしまってうっかりした(?)

[質問] ピンチに立たされたときの言い訳も言い方のひとつで印象が変わってきます。こんな場合はどのように言ったらいいのでしょうか。

(1) 自分が言ったことで思わぬトラブルに発展した。
　　（　　　　　　　　　　　　　　　　　）

(2) 忘れてしまいうっかりした。
　　（　　　　　　　　　　　　　　　　　）

(3) つい口が滑ってしまった。
　　（　　　　　　　　　　　　　　　　　）

(4) 聞いていない。
　　（　　　　　　　　　　　　　　　　　）

(5) わからない。
　　（　　　　　　　　　　　　　　　　　）

잊어버리고 깜박했다

[질문] 곤란한 경우를 당했을 때의 변명도 언어표현 중의 하나로서 자신의 인상을 남기게 됩니다. 이러한 경우는 어떻게 말을 하면 좋을까요.

(1) 「二度とこのようなことにならないよう気をつけます(두 번 다시 이런 일이 없도록 하겠습니다)」

(2) 「失念しておりました。申し訳ございません(잊고 있었습니다. 죄송합니다)」

(3) 「配慮のないことを口にしてしまいました(배려가 없음을 입에 담고 말았습니다)」

(4) 「聞き落としていたようです(잘못 듣고 있었던 것 같습니다)」

(5) 「すぐに調べて参ります(곧 조사해서 찾아뵙겠습니다)」

　자신의 실수이든 아니든 트러블이 일어난 이상은 바로 수습하는 자세를 취해야 하는 것이 바른 자세입니다. 따라서 자신이 사죄해야 할 부분이 있다면 먼저 용서를 구하고, 두 번다시 같은 실수를 하지 않겠다는 다짐을 합니다. 그러한 바탕 위에서 다시 새로운 시책을 강구하는 것이 기본적인 마음가짐입니다.

Part 01

13. 틀리기 쉬운 표현

お誘い合わせていらしてください(?)

[質問] 次の言い方はどこか変です。どこがおかしいのか、またその理由を述べてください。

(1) 叙勲記念式典で「ご出席いただいた方に粗品を差し上げています」
 (   )

(2) 「うちの社では、新入社員の指導にとくに力を入れております」
 (   )

(3) 市民文化祭に作品を出展して「みなさんお誘い合わせていらしてください」
 (   )

(4) 「明子さんは若くして未亡人におなりになったとか」
 (   )

(5) 「おじさま、わたしわらをもつかむ気持ちで伺いました」
 (   )

권유하시어 함께 오십시오

[질문] 다음 표현 중에는 어딘가 이상한 곳이 있습니다. 어디가 이상한지를 지적하고 그 이유를 쓰시오.

(1) 粗品
   기념식 전에 내놓는 물품에 대해 「粗品」이라고 하는 것은 지나치게 자신을 낮춘 겸양 표현입니다. 이 경우는 「記念品」이라고 합니다.

(2) うちの社
   자신의 회사는 「当社」「弊社」라고 말합니다. 「我が社」라는 표현도 있습니다만 어딘가 거만한 듯한 감이 있습니다.

(3) お誘い合わせて
   「誘い合わせて」는 기본형이 동사이기 때문에 「お」가 붙지 않습니다. 「お」를 붙이려면 「お誘い合わせ」라는 명사형으로 로 바꾸어 「お誘い合わせのうえ(권유를 하신 다음)」라고 말해야 합니다.

(4) 未亡人
   미망인이란 남편은 죽었지만 자신은 아직 죽지 않은 사람이란 의미로서 그러한 본인이 겸양어로서 사용하는 말입니다. 따라서 본인 이외의 사람이 말하는 경우는 「ご主人に先立たれた方(남편을 앞세운 분)」라는 표현을 사용해야 합니다.

(5) わらをもつかむ
   이 말의 의미는 「せっぱつまってしまって、わらのように頼りないものにでもすがりたいという状況(궁지에 몰려 지푸라기처럼 의지가 되지 않는 것에라도 기대고 싶은 상황)」을 나타내는 것으로서, 앞으로 부탁하려는 사람에게 하는 말은 아닙니다.

PART II

service 경어

1. 매뉴얼 경어
2. 손님에 대한 대응
3. 방문객에 대한 대응
4. 문의에 대한 대답
5. 트러블에 대한 대응

1. マニュアル敬語

ちょうどからいただきます(?)

[質問] 休日に買い物や食事をしたときに、店員さんにいろいろと世話になりましたが、その言葉が何か変です。正しい言い方に変えてください。

(1) 五〇〇〇円の買い物をしました。店員さんに五〇〇〇円札を出して払うと「五〇〇〇円ちょうどからいただきます」と言われました。どこか変な印象です。

(2) クレジットカードで支払うと店員さんに言ったところ「お支払いはカードのほうからでよろしいですね」と確認されたのですが、これって変じゃありませんか。

(3) 洋服を探していたら、とても気に入ったものが見つかりました。それでもサイズが合わないので、店員さんに違うサイズはないか聞いたところ「品切れです」と冷たく言われてしまいました。

(4) レストランへ行きました。注文をしたら、ボーイさんから注文を復唱した上で、「ご注文は以上でよろしかったでしょうか」と言われました。

꼭 맞게 받았습니다

[질문] 휴일에 쇼핑이나 식사를 할 때, 점원에게 여러 가지 도움을 받는 말들을 듣게 됩니다만, 그 때 사용하는 말들에 무언가 이상한 경우가 있습니다. 올바른 표현으로 바꾸어 보십시오.

(1) 「五〇〇〇円ちょうどお預かりします(정확하게 5,000엔 받았습니다)」
　　만약 일만 엔짜리 지폐를 내었다면 「一万円、お預かりします(1만 엔 받아두겠습니다)」라고 대답하는 것이 올바른 표현이 됩니다.

(2) 「カードでお支払いでよろしいですね(카드로 지불해도 괜찮지요)」
　　접객 시의 말로서 「~から」「~ほうで」 등과 같은 말이 자주 사용되고 있습니다. 그러나 이러한 말들은 생략하는 편이 오히려 깔끔한 표현이 됩니다.

(3) 「あいにく在庫が切れておりますが、すぐにお取り寄せいたします(공교롭게도 재고가 없습니다만 곧 주문해 놓겠습니다)」
　　「品切れ」라는 말만으로는 너무 무뚝뚝한 표현이 됩니다. 손님의 요구에 부합할 수 없는 경우에라도 가능한 한 대안을 내놓는 성의를 보여야 할 것입니다.

(4) 「ご注文は以上でよろしいでしょうか(주문은 이상으로 충분하십니까)」
　　과거형이 아니라 현재형으로 확실하게 표현해야 합니다.

Part 02　2. 손님에 대한 대응

何をお召し上がりになられますか(?)

[質問] 次の言い方は、敬語として適切ではありません。正しい敬語に直してください。

(1)「何をお召し上がりになられますか」
　（　　　　　　　　　　　　）

(2)「灰皿のほうは使われますか」
　（　　　　　　　　　　　　）

(3)「こちら、お品物になります」
　（　　　　　　　　　　　　）

(4)「千円からお預かりします」
　（　　　　　　　　　　　　）

무엇을 드시겠습니까

[질문] 다음 표현은 경어로서 적절하지 않습니다. 올바른 경어로 고치시오.

(1) 「何を召し上がりますか(무엇을 드시겠습니까)」

「お」「召し上がりに(食べる의 존경어)」「なられる(する의 존경어)」라는 삼중경어가 됩니다. 「召し上がる」도 어원적으로 볼 때는 사실은 이중경어(「召す」+「上がる」)이지만 이제는 하나의 단어로 일반화되었습니다. 이밖에도 「仰せられる」(「仰す」+「られる」) 「おいでになられました」(「おいでになる」+「られる」) 「おっしゃられる」(「おっしゃる」+「られる」) 「お話しになられる」(「お話しになる」+「られる」) 등은 모두 이중경어입니다.

(2) 「灰皿は使われますか(재떨이는 사용하십시까)」

「ほう」라는 말은 본래 분야나 방향을 가리키거나 그것을 얼버무려 표현하는 경우에 사용됩니다. 예를 들면 「私は文化系のほうが得意だ(나는 문화계 쪽이 능숙하다)」「日本は西のほうから天気が変わる(일본은 서쪽 편에서부터 날씨가 바뀐다)」라는 식으로 사용합니다. 그러나 대상을 확실히 드러내고 있는 경우는 사용하지 않습니다.

(3) 「お品物です(물건입니다)」

존경어의 기본은 [「お」+動詞+「になる」]입니다. [名詞+「になる」]의 경우는 경어가 아니라 다른 물건이나 상태로 변한다는 의미가 되어 버립니다.

(4) 「千円お預かります(천원 받아두겠습니다)」

「~から」란 장소나 이유, 또는 동작을 행하는 사람을 나타내는 말에 붙여서 사용하는 말입니다. 「お客様から預かる(손님으로부터 맡아두다)」란 말은 올바른 표현입니다만, 천 엔은 사람이 아닌 돈이기 때문에 사용할 수 없습니다.

2. 손님에 대한 대응

Part 02

お待ちいただく形になります(?)

［質問］敬語として適切ではありません。正しい敬語に直してください。

(1)「お待ちいただく形になります」
　　(　　　　　　　　　　　)

(2)「ご購入されたことはございますか」
　　(　　　　　　　　　　　)

(3)「本日、休業させていただきます」
　　(　　　　　　　　　　　)

(4)「お客様は三人です」
　　(　　　　　　　　　　　)

기다리시게 됩니다

[질문] 경어로서 적절하지 않습니다. 올바른 경어로 고치시오.

(1) 「お待ちいただきます(기다려 주세요)」
　　「かたち」라는 말은 필요가 없습니다. 이밖에도 「あの~」라든지 「え~」라는 말들을 무의식적으로 사용하는 사람이 있습니다만, 듣는 사람이 이러한 반복적인 말들에 신경을 쓰는 바람에 진작 중요한 이야기의 내용은 머리에 들어오지 않는 경우가 있습니다.

(2) 「ご購入なさったことはおありでしょうか(구입하신 적은 있으십니까)」
　　「ご~される」는 겸양어와 존경어의 조합으로 잘못된 경어입니다. 「ございます」보다 손님의 「ある」라는 행위를 존경어로 하는 편이 말하는 이의 경의를 전달할 수 있는 말이 됩니다.

(3) 「本日、休業いたします(오늘, 휴업합니다)」
　　「させていただきます」는 자신이 행하는 일을 제3자의 허가를 얻어서 실시한다는 의미로서, 그러한 행위로 다른 사람으로부터 은혜를 입을 때에 사용하는 말입니다. 휴업은 상대방의 허가를 얻어서 실시하는 것이 아니므로 「させて」는 없애는 것이 올바른 표현이 됩니다.

(4) 「お客様は三名です(손님은 3명입니다)」
　　「名」에는 가벼운 존경의 의미가 담겨져 있습니다. 따라서 손님에게는 「名」를 사용하고, 말하는 이의 자신이 속한 경우는 「人」을 사용합니다.

Part 02

2. 손님에 대한 대응

田中様はおられますか(?)

[質問] 次の(1)~(4)を正しい敬語に直しましょう。

(1)「田中様はおられますか」
　（　　　　　　　　　　　）

(2)「どちらにいたしますか」
　（　　　　　　　　　　　）

(3)「今、席に案内します」
　（　　　　　　　　　　　）

(4)「注文をお願いします」
　（　　　　　　　　　　　）

다나카 씨는 계십니까

[질문] 다음의 (1)~(4)를 올바른 경어로 고쳐주세요.

(1) 「田中様はいらっしゃいますか(다나카 씨는 계십니까)」
「おる」라는 말은 「いる」의 겸양어입니다. 따라서 겸양어 「おる」에 「られる」라는 존경어를 부가해도 존경어가 되지는 않습니다.

(2) 「どちらになさいますか(어느 쪽으로 하시겠습니까)」
「いたし(す)」도 (1)번 문제와 마찬가지로 「する」의 겸양어이기 때문에 손님에게 드리는 말로서는 적절하지 않습니다. 따라서 「どういたしますか(어떻게 하시겠습니까)」도 적절한 표현이 되지 못합니다.

(3) 「ただいま、ご案内いたします(지금 안내해 드리겠습니다)」
「今」는 「ただいま」로, 「案内」는 「ご案内」로, 「する」는 해 드리겠다는 의미의 겸양표현인 「いたす」로 표현합니다.

(4) 「ご注文はお決まりでしょうか(주문은 결정되셨습니까)」
「早く注文して(빨리 주문하여)」와 같은 말로 손님을 재촉하듯이 주문을 받는 방법은 좋지 않습니다.

2. 손님에 대한 대응

Part 02

とんでもございません(?)

[質問] 次の言い方は敬語として適切ではありません。その理由と正しい敬語を述べてください。

(1) お客様のテーブルに「おビールのほうお持ちしました」と言ったら、お客様は「それじゃ、おジュースとも言うのかい」とからかわれてしまいました。

(2) お客様が品物選びで迷っています。そこで「この商品は、格安のお値段でお求めできますよ」と言ったら、お客様からムッとされてしまいました。

(3) イベント会場で、順番待ちをしているお客様に「チケットは手にお持ちして並んでください」と言ったら、おかしい表現だと苦情を言われました。

말도 아닙니다

[질문] 다음 표현은 경어로서 적절하지 않습니다. 올바를 경어로 고치고 그 이유를 쓰시오.

(1) 「ビールをお持ちしました(맥주를 갖고 왔습니다)」

　「ビール(맥주)」에 「お」를 붙인 표현은 일상적인 말로 사용되고 있기 때문에 이상하다고 생각하지 않을 수도 있습니다. 하지만 「お」를 너무 남용하여 빈축을 사는 표본이 되기도 합니다. 그리고 「おビールのほうを」의 「ほう」는 필요가 없습니다. 한편 「お~する」는 겸양표현을 만드는 형식으로서 이 경우는 문제가 없다고 할 수도 있습니다. 그러나 예전에는 부자연스럽게 생각한 적도 있었습니다. 따라서 「お~する」를 겸양표현으로 사용하는 것에 대해 아직도 위화감을 느끼는 사람이 많은 것 같습니다.

(2) 「この商品は格安なお値段でお求めいただけます(이 상품은 매우 싼 가격으로 구입하실 수 있습니다)」

　「お~できる」라는 표현은 「お~する」를 가능형으로 바꾼 것으로서 겸양표현입니다. 따라서 「お求めになれます(구입하실 수 있습니다)」 혹은 「お求めいただけます(구입하실 수 있습니다)」가 됩니다.

(3) 「チケットは手にお持ちになってお並びください(티켓은 손에 드시고 줄을 서 주십시오)」

　「お持ちして」는 「私が荷物をお持ちしましょう(제가 물건을 들까요)」 혹은 「お持ちしましょう(들겠습니다)」라는 경우에서와 같이 겸양표현입니다.

Part 02　**2. 손님에 대한 대응**

どうでしょうか(?)

［質問］次の場合に適切なのは①と②のどちらでしょうか。

(1) お客様が試着しているので、店員の明子さんは、次のように声を掛けました。
　　①「いかがでしょうか」
　　②「どうでしょうか」

(2) お客様が、会社に到着されたとき、部長は電話中で、ちょっと待っていただくことになりました。部長の電話が終わったとき、お客様をお待たせしないために、部長に声を掛けました。
　　①「お客様が待っています」
　　②「お客様がお待ちになっています」

(3) 禁煙ルームでお客様が胸ポケットからタバコを取り出しました。担当者は相手を怒らせないよう丁寧に声を掛けました。
　　①「どうかタバコをお吸いにならないでください」
　　②「どうぞタバコをお吸いにならないでください」

어떻습니까

[질문] 다음의 경우에 사용하는 적적한 말은 ①과 ②의 어느 쪽일까요.

(1) ①

　아무리 시간이 걸려도 점원으로부터 「どうでしょうか」라는 말을 들은 손님은 재촉을 받고 있다는 느낌을 받으므로 좋은 인상을 가질 수 없습니다. 「いかがでしょうか」라고 정중한 표현을 사용하는 것이 좋습니다.

(2) ②

　기다리고 있는 손님에게 충분히 들릴 수 있도록, 그리고 손님에게는 반드시 경어를 사용하여야 합니다.

(3) ①

　담배를 피우지 않도록 부탁하는 말이므로 「どうか」라는 표현을 사용해야 합니다. 만약 흡연실에서라면 「どうぞ、おタバコをお吸いになってください(예, 담배를 피우십시오)」라고 말해야 합니다.

2. 손님에 대한 대응

お客様、こちらの品物はお値下げ品です(?)

[質問] 心地よくお買い物をしていただくためには、どちらが好感度がいいでしょう。

(1) ①「お客様、こちらの品物はお値下げ品です」
　　②「お客様、こちらの品物はお買い得品です」

(2) ①「一〇〇〇円のお釣りでございます」
　　②「一〇〇〇円のお返しでございます」

(3) ①「ご注文は」
　　②「ご注文はいかがなさいますか」

(4) ①「お待たせしました」
　　②「お待ちどおさまでした」

(5) ①「わかりました」
　　②「かしこまりました」

손님, 이쪽 물건은 가격을 내린 상품입니다

[질문] 손님이 기분 좋게 쇼핑을 하도록 하기 위해서는 다음 중 어느 쪽 표현이 호감도가 높은 말일까요.

(1) ②

 같은 의미일지라도 「お値下げ品(가격을 내린 상품)」보다는 「お買い得品(싸게 살 수 있는 상품)」라고 말하는 편이 물건에 자연스럽게 손이 간다고 할 것입니다.

(2) ②

 「お釣り(거스름돈)」보다는 「お返し(거스름돈)」라고 말하는 편이 플러스 이미지가 있습니다.

(3) ②

 「ご注文は」로 짧게 잘라 말하면 정말로 무례한 느낌을 주게 됩니다.

(4) ①

 접객용어로서는 「お待ちどおさま(기다렸습니다)」라는 표현은 그다지 사용하지 않습니다.

(5) ②

 「かしこまりました(알겠습니다)」라는 말을 듣게 되면 성의를 느낄 수 있습니다. 접객에서 「かしこまりました」는 필수용어입니다. 의식하지 않아도 입에서 나올 수 있도록 합시다.

Part 02　2. 손님에 대한 대응

在庫はございませんです(?)

［質問］次の言い方は正しくありません。正しい言い方に変えてください。

(1) 「在庫はございませんです」
　　（　　　　　　　　　　　　　　）

(2) 「電話をなさってから行かれたほうがいいでしょう」
　　（　　　　　　　　　　　　　　）

(3) 「お食べになるなら、そこにお掛けください」
　　（　　　　　　　　　　　　　　）

(4) 「エレベーターはご利用できます」
　　（　　　　　　　　　　　　　　）

재고가 없습니다

[질문] 다음 표현은 바르지 않습니다. 올바른 표현으로 바꾸시오.

(1) 「在庫はございません」
　　「ません」+「です」는 이중경어가 됩니다. 그러나 모든 경우가 그렇게 되는 것이 아니고 「私は行きませんでした(나는 가지 않았습니다)」와 같이 성립이 되는 표현도 있습니다.

(2) 「電話をしてから行かれたほうがいいでしょう(전화를 하고 가시는 편이 좋을 것입니다)」
　　전화를 하거나 가는 사람도 손님이기 때문에 존경어를 사용한다고 해도 잘못된 말은 아닙니다만, 조금 장황한 인상을 줍니다. 이렇게 말하는 것이 보다 확실하고 알기 쉬운 표현이 됩니다.

(3) 「そこにお掛けいただいて、召し上がってください(거기에 앉으셔서 드셔 주십시오)」

(4) 「エレベーターはご利用いただけます(엘리베이터는 이용하실 수 있습니다)」
　　「~できます」라는 표현은 자신을 낮추어서 말하는 경우에 사용하는 말입니다. 「明日までにできますか(내일까지 될 수 있습니까)」라는 말을 듣고 「明日の午後にはお届けできます(내일 오후에는 도착할 수 있습니다)」라는 식으로 사용합니다. 상대방의 행위에는 사용할 수 없으므로 「利用できます(이용할 수 있습니다)」라는 표현은 적절하지 않습니다.

3. 방문객에 대한 대응

お約束はしていらっしゃいますか(?)

[質問] 来訪者に対しての次の敬語表現は適切ではありません。正しい表現に直してください。

(1) 来客に向かって「どうぞ、ここに座っていてください」
　　(　　　　　　　　　　　　　　　　　　　　)

(2) 約束の来訪者に向かって、手が外せない上司に代わり「ただいま、ちょっと取り込んでおりまして、少々お待ちください」
　　(　　　　　　　　　　　　　　　　　　　　)

(3) 来客に向かって「ご来店していただきありがとうございました」
　　(　　　　　　　　　　　　　　　　　　　　)

약속은 하셨습니까

[질문] 방문자에 대한 다음과 같은 경어표현은 적절하지 않습니다. 올바른 표현으로 고치시오.

(1)「どうぞ、こちらにお掛けになってください(자, 이쪽에 앉아 주십시오)」

「座っていてください(앉아 계십시오)」라는 표현은 손님에게 명령하는 말이 됩니다. 「座っていて」를 「お掛けになって」라는 정녕어(丁寧語)로 바꾸어야 합니다.

(2)「大変申し訳ございません。イベントが予定より長引いておりまして、15分ほどお待ちいただけますか(대단히 죄송합니다. 이벤트가 예정보다 길어져서 15분 정도 기다려 주실 수 있겠습니까)」

사전에 약속을 하고 온 내방자에게 「取り込んでいる(어수선하다)」라는 표현은 좋지 않습니다. 이 표현은 상대방과 응대하고 싶지 않은 경우에 자주 사용되기 때문입니다. 늦어지게 된 이유와 기다려야 하는 시간을 전달한다면 주어지는 인상이 좋아지게 됩니다.

(3)「ご来店いただきありがとうございました(저희 가게를 찾아주셔서 고맙습니다)」

「ご~していただき」는 겸양어로서 손님 쪽을 낮추는 표현이 되어 버립니다.

3. 방문객에 대한 대응

○○様が見えられました(?)

[質問] どちらの敬語が正しいでしょうか。①~②から選んでください。

(1) 社内の人に訪問者が来社したことを伝える。
　①「○○様が見えられました」
　②「○○様お見えになりました」

(2) 訪問者に聞く。
　①「お約束はしていらっしゃいますか」
　②「お約束はございますか」

(3) 名前を聞く。
　①「お名前様をいただけますか」
　②「お名前を伺えますか」

(4) 待ってもらうようお願いする。
　①「ちょっと、お待ちしてください」
　②「少々、お待ちください」

○○ 님이 오셨습니다

[질문] 어느 쪽 경어가 올바른 표현일까요. ①~②에서 고르시오.

(1) ②

「見えられました」는「来る」의 경어인「見える」에「~られる」를 붙인 이중경어입니다.

(2) ②

「お約束はしていらっしゃいますか(약속은 하셨습니까)」라는 말은 손님에게 약속 여부를 확인하는 표현이 됩니다. 그에 비해서「約束はございますか(약속이 있으십니까)」는 약속의 유무를 묻는 말로서 약속한 상대방을 밝혀내고자 묻는 것이 아닙니다.

(3) ②

「~様」가 붙는 말은 개인의 이름이나 직무와 관련한 것입니다.「名前」와 같은 일반명사에는 붙지 않는 것이 보통입니다.

(4) ②

「ちょっと」는「少々」「お待ちして」는「お待ち」로 반드시 바꾸어야 합니다.

3. 방문객에 대한 대응

Part 02

どなたを呼びましょうか(?)

[質問] 来客に対する受付の対応です。正しい対応を①~②から選びましょう。

(1) お客様がいらっしゃいました。面会を約束している担当者の名前がとっさに出てきません。
　①「どなたを呼びましょうか」
　②「誰をお呼びしましょうか」

(2) 同姓の担当者が二人います。さて、どちらの佐藤でしょう。
　①「どの佐藤でしょうか」
　②「営業の佐藤でしょうか、それとも販売の佐藤でしょうか」

(3) 福利厚生についての問い合わせでした。
　①「その件については、総務に伺ってください」
　②「その件については、総務でお聞きいただけますか」

어느 분을 불러 드릴까요

[질문] 찾아온 손님에 대한 안내 창구에서의 대응입니다. 올바른 대응을 ①~②에서 고르시오.

(1) ②
　자기 회사의 누구를 부르면 좋을 것인가를 말하는 것이므로 「どなた(어느 분)」가 아니라 「誰(누구)」이고, 부르는 대상이 손님이기 때문에 「お呼びしましょうか(불러 드릴까요)」라고 하여야 합니다.

(2) ②
　손님은 사내에 사토 씨가 두 명 있다는 사실을 몰랐을 것이므로 반드시 풀네임을 기억하고 있다고 볼 수는 없습니다. 따라서 아무런 판단 재료도 제시하지 않고 「さあ、どっち(자, 어느 쪽)」라고 물어보았자 손님은 당황할 뿐입니다. 어느 쪽의 사토인지 판단하기 쉽도록 일의 내용을 제시하면 손님은 그러한 접수처의 대응에 반드시 감사한 마음을 가질 것입니다.

(3) ②
　총무에게 이야기하는 것은 손님입니다. 따라서 이러한 경우에 겸양어를 사용하는 것은 올바른 표현방법이 아닙니다.

4. 문의에 대한 대답

こちらについてご説明して差し上げます(?)

[質問] 適切な言い方を①~③から選びましょう。

(1) お客様が問い合わせに来られて
　①「こちらについてご説明して差し上げます」
　②「こちらについてのご説明でよろしかったでしょうか」
　③「こちらについてご説明いたします」

(2) パンフレットについて尋ねられて
　①「このパンフレットを拝見されたのですね」
　②「このパンフレットをご覧になられたのですね」
　③「こちらのパンフレットをご覧になったのですね」

(3) 商品の説明をして
　①「説明不足の点はございましたでしょうか」
　②「おわかりになりましたでしょうか」
　③「ご理解いただけましたか」

여기에 대해서 설명해 드리겠습니다

[질문] 적절한 표현을 ①~③에서 고르시오.

(1) ③

「~して差し上げる」라는 표현은 매우 정중한 뉘앙스를 갖고 있습니다. 그러나 상대방에게 은혜를 베풀거나 생색을 내는 듯한 표현이기도 하기 때문에 사용하는 데 주의가 필요합니다. 과거형도 이 경우의 표현으로서는 적절하지 않습니다.

(2) ③

①「拝見」는 겸양어이므로 손님의 동작에 대한 말로서는 어울리지 않습니다. 또한「ご覧になられた」(「ご覧になる」+「られる」)는 이중경어가 됩니다.

(3) ①

「おわかりになったでしょうか(아셨습니까)」「ご理解いただけたでしょうか(이해하셨습니까)」라는 말을 하게 되면 손님은 자신의 능력을 추궁당하는 듯한 기분이 됩니다. 저희가 모자란 점은 무엇이든지라는 겸허한 기분으로 묻는 쪽이 좋은 인상을 갖게 합니다.

Part 02　5. トラブルに대한 대응

わかりません(?)

[質問] 次の(1)~(6)の言い方をお客様によいイメージをあたえる表現に直してください。

(1)「わかりません」
　　(　　　　　　　　　　　　　　　)

(2)「それはできません」
　　(　　　　　　　　　　　　　　　)

(3)「わかりました」
　　(　　　　　　　　　　　　　　　)

(4)「用件を聞きましょう」
　　(　　　　　　　　　　　　　　　)

(5)「長くお待たせいたしました」
　　(　　　　　　　　　　　　　　　)

(6)「その時の状況を話してください」
　　(　　　　　　　　　　　　　　　)

모르겠습니다

[질문] 다음의 (1)~(6)과 같은 점원의 말을 손님에게 좋은 이미지를 줄 수 있는 다른 표현으로 고치시오.

(1) 「ただいま、お調べいたしますので、少々お待ちください(바로 찾아볼 테니까 잠시만 기다려 주십시오)」
 「わかる者に聞いて参りますので、少々お待ちいただけますか(아는 사람에게 물어볼 테니까 잠시만 기다려 주시겠습니까)」라고 정중하게 말하는 방법도 있겠습니다만, 손님을 오래 기다리게 하면 불쾌하게 생각합니다. 그렇다고 해서 적당히 대답하는 것도 금물입니다.

(2) 「恐れ入りますが、○○いたしかねます(죄송합니다만, ○○할 수밖에 없습니다)」

(3) 「はい、かしこまりました(예, 알겠습니다)」
 「承りました(알겠습니다)」라는 표현도 있습니다.

(4) 「どのようなご用件でございましょうか(어떤 용건이십니까)」

(5) 「大変お待たせして申し訳ありません(많이 기다리게 해서 죄송합니다)」

(6) 「その時の状況をお話しいただけますか(그 때의 상황을 이야기해 주실 수 있겠습니까)」
 「話してください(이야기해 주십시오)」「教えてください(가르쳐 주십시오)」와 같은 명령형의 말투는 되도록이면 삼갑니다. 상대방의 의향을 듣는 자세를 갖도록 하여야 합니다.

PART III
office 경어

1. 비즈니스 표현
2. 이중경어
3. 고객에 대한 대응
4. 직장 상사나 고객에 대한 대응
5. 직장 상사에 대한 대응
6. 이벤트
7. 상거래
8. 회의

1. ビジネス表現

すいません(?)

[質問] 上司や先輩に対する受け答えとして適切な敬語に直してください。

① 「わかりました」→(　　　　　　　　　　　　)

② 「すいません」→(　　　　　　　　　　　　)

③ 「知ってますか？」→(　　　　　　　　　　　　)

④ 「もらいます」→(　　　　　　　　　　　　)

⑤ 「今、いいですか？」→(　　　　　　　　　　　　)

⑥ 「今、行きます」→(　　　　　　　　　　　　)

⑦ 「お待たせしました」→(　　　　　　　　　　　　)

⑧ 「行ってらっしゃい」→(　　　　　　　　　　　　)

⑨ 「ただいま」→(　　　　　　　　　　　　)

⑩ 「帰ります」→(　　　　　　　　　　　　)

미안합니다

[질문] 직장의 상사나 선배에 대한 말대답으로서 적절한 경어로 고치시오.

① 「了解いたしました。かしこまりました(이해했습니다. 알겠습니다)」

② 「申し訳ありません(죄송합니다)」

③ 「ご存知ですか？(아셨습니까?)」

④ 「頂戴いたします(받겠습니다)」

⑤ 「今、お時間よろしいでしょうか？(지금, 시간 괜찮으십니까)」

⑥ 「ただいま、参ります(지금, 찾아 뵙겠습니다)」

⑦ 「お待たせして申し訳ありません(기다리게 해서 죄송합니다)」

⑧ 「行ってらっしゃいませ(다녀오십시오)」

⑨ 「ただいま戻りました(방금 돌아왔습니다)」

⑩ 「これで失礼させていただきます(여기에서 실례하겠습니다)」

①, ④, ⑥, ⑨, ⑩은 겸양표현, ③은 존경어로 바뀌어져 있습니다. ⑤는 「いい」를 「よろしい」로 바꾼 것으로 보다 정중한 경의를 나타냅니다. ⑧의 「行ってらっしゃい」라는 표현은 집안사람에게 사용하는 말로서 경의가 높지 않은 말이기 때문에 「~ませ」를 붙입니다. 위에서 든 표현들은 일상적인 비즈니스에서는 필수적인 말들입니다. 무의식적으로 자연스럽게 입에서 나오도록 합시다.

Part 03

1. 비즈니스 표현 - 「お」의 사용법

お客様、外でお車がお待ちしています(?)

[質問] 次の例文の丁寧語に使う「お~」の位置が、正しい場合は○を、間違っている場合は×をしなさい。

(1) 「①お忘れ物は、②お隣のホーム事務室に③お問い合わせください」

(2) 「④お客様少々、⑤お待ちください」

(3) 「⑥お母さんを亡くされて⑦おかわいそう」

(4) 「⑧お手紙で⑨お力添えいただくようお願いいたしました」

(5) 「⑩お客様、外で⑪お車が⑫お待ちしています」

①(　　　)　　②(　　　)　　③(　　　)　　④(　　　)
⑤(　　　)　　⑥(　　　)　　⑦(　　　)　　⑧(　　　)
⑨(　　　)　　⑩(　　　)　　⑪(　　　)　　⑫(　　　)

손님, 밖에서 자동차가 기다리고 있습니다

[질문] 다음 예문의 정녕어(丁寧語)에 사용한 「お~」의 사용법이 올바른 경우는 ○를, 틀린 경우는 ×를 하시오.

| ①(○) | ②(×) | ③(○) | ④(○) | ⑤(○) | ⑥(○) |
| ⑦(×) | ⑧(×) | ⑨(○) | ⑩(○) | ⑪(×) | ⑫(×) |

(1) 「お忘れ物は隣のホーム事務室にお問い合わせください(분실문은 옆방 사무실에 문의해 주십시오)」

「お~」는 경의를 표해야 하는 상대방이나 그 행동에 대해 붙이는 것이 기본입니다. 따라서 손님의 잊어버린 「忘れ物(분실물)」에는 「お~」를 붙일 수 있으나, 철도회사의 시설에 대해서는 「お」를 붙이지 않습니다.

(2) 모두 손님에 대한 말이기 때문에 「お」를 붙입니다.

(3) 「お母さんを亡くされてお気の毒に(어머님이 돌아가셔서 불쌍하게도)」

불쌍하다는 표현은 손아랫사람에게 하는 말입니다. 따라서 그러한 경우는 「お」가 필요 없습니다.

(4) 「手紙でお力添えいただくようお願いいたしました(편지로 힘이 되어 주시도록 부탁드렸습니다)」

자신이 보낸 편지이므로 「手紙」라고 표현합니다. 이 경우 힘이 되어 준 상대방이 손윗사람이라면 「力添え」, 손아랫사람이나 자기 쪽 사람이라면 「協力」라고 표현합니다. 그리고 자신이 상대방에게 협력할 때는 「力になる」라는 표현을 사용합니다.

(5) 「お客様、外で車が待っております(손님, 밖에서 자동차가 기다리고 있습니다)」

「お車、お靴、お洋服…」등은 자주 듣는 말이긴 합니다만, 아무 사물이나 「お」를 붙이는 것은 지나친 정중표현으로서 삼가야 할 것입니다.

2. 이중경어

おっしゃられることは理解できます(?)

[質問] 次の言い方は敬語としては間違った表現方法です。正しい敬語に直しましょう。

(1)「お天気がよいので、おいでになられますか」
　　（　　　　　　　　　　　　　　　　）

(2)「昨日、お客様がお話しになられた…」
　　（　　　　　　　　　　　　　　　　）

(3)「ご覧になられましたか」
　　（　　　　　　　　　　　　　　　　）

(4)「ご結婚されたそうですね」
　　（　　　　　　　　　　　　　　　　）

(5)「おっしゃられることは理解できます」
　　（　　　　　　　　　　　　　　　　）

(6)「その件の関してご相談されますか」
　　（　　　　　　　　　　　　　　　　）

말씀하시는 것은 이해할 수 있습니다

[질문] 다음 말들은 경어로서는 틀린 표현방법입니다. 올바른 경어로 고치시오.

모두 이중경어의 예입니다. 정중하게 말하기만 하면 실례가 되지 않을 거라는 생각으로 무작정 중복된 경어를 사용하면 잘못된 일본어 표현이 되어 버립니다. 따라서 「ご~される」라는 표현은 자주 듣는 말이기는 하지만 올바른 일본어 표현이 아닙니다.

(1) 「お天気がよいので、おいでになりますか(날씨가 좋으니까 나가시겠습니까)」

(2) 「昨日、お客様が話された…. (어제 손님이 말씀하셨던….)」
　　「話す(이야기하다)」의 경어표현은 「お話しになる(이야기하시다)」 또는 「話される(이야기하시다)」입니다. 「お話しになる」에 「~れる」를 붙이면 이중경어가 됩니다.

(3) 「ご覧になりましたか(보셨습니까)」

(4) 「結婚されたそうですね(결혼하셨다고 하더군요)」
　　「ご~された」라는 이중경어 표현이 되기 때문에 「ご」는 없애야 합니다.

(5) 「おっしゃることは理解できます(말씀하시는 것은 이해할 수 있습니다)」

(6) 「その件に関して相談されますか(그 건에 관해서 상담하시겠습니까)」

3. 고객에 대한 대응

佐藤部長が見えますので、お待ちください(?)

［質問］敬語として適切ではありません。正しい敬語に直してください。

(1)「ただいま佐藤部長が見えますので、お待ちください」
  (   )

(2)「お見積りをお送りさせていただきます」
  (   )

(3)「よろしければお名前を伺えますか」
  (   )

(4)「免許証をいただけますか」
  (   )

사토 부장님이 오실 테니까 기다려 주십시오

[질문] 경어로서 적절하지 않습니다. 올바른 경어로 고치시오.

(1) 「ただいま、部長の佐藤が参りますので、少々お待ちください(곧 사토 부장이 올 테니까 잠시 기다려 주십시오)」

「見える」는 「来る」의 존경어입니다. 따라서 상사라도 대외적으로는 사내의 사람에게 「来る」의 겸양어인 「参る」를 사용합니다. 그리고 「○○部長」라고 이름에 직위를 붙이는 표현은 경칭이 되기 때문에 「部長の○○」라고 바꾸어 말해야 합니다.

(2) 「見積りをお送りいたします(견적서를 보내드리겠습니다)」

이 경우의 「~させていただく」는 상대방게 허가를 얻어 행하는 일이 아니기 때문에 정중하게 「お送りいたします(보내드리겠습니다)」라는 표현으로 충분합니다.

(3) 「失礼ですが、お名前を伺えますか(실례합니다만, 성함을 말씀해 주시겠습니까)」

본의 아니게 이름을 물어보아야 하는 상황이라면 「失礼ですが(실례합니다만)」라는 표현을 사용하는 것이 바람직할 것입니다.

(4) 「免許証を見せていただけますか(면허증을 보여 주시겠습니까)」

면허증을 받고 싶은 것이 아니라 보여 주었으면 하는 것이므로 「見る(보다)」와 「いただく(받잡다)」로서 겸양표현을 나타냅니다.

Part 03

3. 고객에 대한 대응

○○がたまわります(?)

[質問] 次の表現が正しくない理由と正しい表現を答えてください。

⑴ 最近、電話をすると、電話口に出た人に「○○がたまわります」と応対されることがあります。この表現は正しくありません。
 (   )

⑵ 新人の太田君は、初対面のお客様に「名刺がいただけますか」とお願いしたところ、お客様に「それじゃ、あげたくないですね」と言われてしまいました。なぜでしょうか。
 (   )

⑶ 新製品発表会の席で、司会者が「新製品を開発させていただきました～」と研究者を紹介しました。変な感じがします。なぜでしょうか。
 (   )

○○가 받겠습니다

[질문] 다음과 같은 경우의 표현이 바르지 않는 이유와 각각의 올바른 표현을 답하시오.

(1) 「○○がうけたまわります」

　「たまわります」에는 「いただく(받다)」라는 의미는 있지만 「受ける(맡다)」라는 의미는 없습니다. 따라서 「つつしんでお受けいたします(삼가 맡겠습니다)」 또는 「受けさせていただきます(맡도록 하겠습니다)」라는 것이 올바른 표현입니다.

　「うけたまわります」라는 표현을 분해하면 「受ける」+「たまわる」가 됩니다. 이 경우의「たまわる(받잡다)」는 「もらう(받다)」의 겸양어가 되므로 「受けさせていただく(맡도록 하옵다)」라는 의미가 되어 올바른 표현이 됩니다. 그러나 한 단어로서의 「たまわる」에는 「いただく」라는 의미밖에 없기 때문에 따라서 「いただいてもいいですよ(받아도 괜찮아요)」라는 말이 되어 적합하지 않은 표현이 됩니다. 하지만 이전에 전화 등으로 이야기를 듣고 있던 사람이 「以前、お電話をたまわりました○○と申します(이전에 전화를 받았던 ○○라고 합니다)」라는 것은 적절한 표현이라고 말할 수 있습니다.

(2) 「名刺をいただけますか(명함을 받을 수 있겠습니까)」

　「~がいただけますか」라는 표현은 '받을 수 있겠습니까', 아니면 '받을 수 없겠습니까'라는 의미가 됩니다. 상대방의 명함을 받고 싶다면 「~を」로서 표현합니다.

(3) 「新製品を開発しました(신제품을 개발했습니다)」

　상대방의 허가를 얻어 개발한 것이 아니므로 위화감을 느낀다든지 은근히 무례하다고 받아들여지는 경우가 있습니다.

4. 직장 상사나 고객에 대한 대응

私は古賀政男と申します(?)

[質問] 名刺交換の席で、名刺を渡しながら自己紹介をしています。こんな場合、なんと言えばいいのでしょうか。

(1) 初対面なので、自己紹介と挨拶をします。
「初めて(①   )。(②   )よろしくお願いいたします」

(2) 続いて自分の仕事を紹介します。
「昨年から販売を(③   )。よろしくお願い申し上げます」

(3) 名刺をうっかり忘れてしまいました。
「あいにく、名刺を(④   )、後日郵送させていただきます」

(4) お客様に対して◎◎支店長と××部長を紹介します。
「○○様、ご紹介いたします。こちらが(⑤   )でございます」

(5) 上司にお客様を紹介します。
「こちらが○○様で(⑥   )。●●で税理士をなさっています」

저는 古賀政男라고 합니다

[질문] 명함을 교환하는 자리에서 명함을 건네면서 자기소개를 하고 있습니다. 이러한 경우 어떻게 말하면 좋을까요.

① 「お目にかかります(처음 뵙겠습니다)」

② 「なにとぞ(부디)」
「はじめまして」라고 말하는 것보다 격식을 차린 표현입니다. 「どうぞ」라고 간단히 말하기도 합니다만, 첫 대면의 경우는 이정도의 겸허함이 필요합니다.

③ 「担当しております(담당하고 있습니다)」
「させていただいております」라는 표현은 상대방의 거래처가 아니라 그 직무를 부여한 사람, 즉 자신의 상사를 높이는 말이 되기 때문에 피해야 합니다.

④ 「切らしてしまいました(다 써 버렸습니다)」
가령 명함을 잊어버렸다 하더라도 「切らしてしまった(다 써 버렸다)」라는 상투적인 말을 사용합니다. 만약 「忘れてしまった(잊어 버렸다)」라고 정직하게 말하게 되면 상대방은 자신을 가볍게 보고 있다거나 사무적으로 쉽게 잊어버리는 성의가 없는 사람이라는 첫인상을 주게 될지도 모릅니다.

⑤ 「支店長の○○と部長の◎◎(지점장인 ○○와 부장인 ◎◎)」
직위는 경칭이 되기 때문에 자기 회사 사람의 소개에서는 「◎◎支店長」이라는 표현은 하지 않습니다.

⑥ 「いらっしゃいます(계십니다)」
간혹 「ございます」라고 말하는 경우가 있습니다만, 「ございます」는 겸양표현이기 때문에 자기 회사 사람에게만 사용합니다.

Part 03　4. 직장 상사나 고객에 대한 대응

4時にお見えになるよう、部長がおっしゃっていました(?)

［質問］適切な言い方はどれでしょうか。①~③からひとつ選んでください。

(1) 部長の伝言を課長に伝えるとき
　　①「4時にお見えになるよう、部長がおっしゃっていました」
　　②「4時においでになるようにと、部長がおっしゃっていました」
　　③「4時に来られるようにと、部長が申しておられました」

(2) お客様に説明を追加するとき
　　①「申し損ねてしまいましたが」
　　②「言い忘れていましたが」
　　③「申し遅れましたが」

(3) 新発売の商品を説明するとき
　　①「お耳に入っていると思いますが」
　　②「ご承知のこととは存じますが」
　　③「存じ上げていらっしゃいましょうが」

4시에 오시도록, 부장님께서 말씀하셨습니다

[질문] 적절한 표현은 어느 것일까요. ①~③에서 하나씩 고르시오.

(1) ②

①의 「4時にお見えになるよう(4시에 오시도록)」는 부장이 4시에 오는 것인지, 과장이 4시까지 부장이 있는 곳으로 가는 것인지, 이해하기 어려운 표현이므로 피해야 합니다. ③의 「申す(말씀드리다)」는 「言う(말하다)」의 겸양어이므로 부장님에게 하는 말로서는 적합하지 않습니다.

(2) ③

여기에서는 「言う」의 겸양어인 「申す」를 사용하는 것이 좋다. 「損ねる(파손하다)」「忘れる(잊다)」 등의 마이너스 이미지가 있는 말은 피하는 것이 좋습니다.

(3) ②

①의 「思いますが」는 손님에게는 「存じますが」로 바꾸어 말해야 합니다. 그리고 ③의 「存じ上げる」는 겸양어이므로 이 경우에 사용하는 것은 적합하지 않습니다.

Part 03　4. 직장 상사나 고객에 대한 대응

やらさせていただいても結構です(?)

[質問] 次の表現は適切ではありません。その理由と正しい言い方を述べてください。

(1) 上司から「忘年会の幹事をやってみないか？」と打診され、「やらせていただいても結構です」と答えました。

(2) 来客に「その書類のコピーをいただけませんか？」と頼まれたとき、「はい、わかりました。すぐコピーさせます」と、部下に命じました。

(3) 真夏に得意先の会社を訪問したとき、「どうぞ、上着をお脱ぎください」と勧められ、「ありがとうございます。では脱がさせていただきます」と先方の言葉に甘えました。

(4) お客様から商品について尋ねられたとき、「申し訳ございません。そのお品につきましては担当の者に、直接伺ってください」とお願いしました。

(제가) 해도 괜찮습니다

[질문] 다음 표현들은 적절하지 않습니다. 그 이유를 들고, 올바른 표현으로 고치시오.

(1) 「はい、やらせていただきます(예, 하겠습니다)」
「いい」를 정중하게 대답할 생각으로 「結構」를 사용했다고 봅니다만 상사에게는 그렇게 들리지 않습니다. 「やってもいいけど(해도 좋지만)」라는 불손한 여운을 갖게 합니다.

(2) 「すぐにコピーいたします」と答えて、部下に依頼する('곧 복사하겠습니다'라고 대답하고 부하에게 의뢰한다)」
「させます」라고 하더라도 잘못된 표현은 아닙니다. 그러니 그럴 경우 듣는 측에게 이 사람은 언제나 이런 거만한 태도로 부하를 상대하고 있지 않을까라는 인상을 주게 됩니다.

(3) 「脱がせていただきます(벗겠습니다)」
「脱ぐ」에 「~させていただく」를 붙이는 것은 좋지 않습니다. 「脱ぐ」는 오단활용동사이므로 「~せていただく」가 붙습니다. 「休まさせていただきます」는 「休ませていただきます(쉬겠습니다)」로, 「やらさせていただきます」는 「やらせていただきます(하겠습니다)」로 바꾸어야 합니다.

(4) 「直接お尋ねください(직접 물어 주십시오)」
「伺う(여쭙다)」는 겸양어로서 듣는 사람을 높이며 말하는 사람을 낮추는 말입니다. 이 예문에서는 손님이 자신을 낮추어 담당자에게 상품에 대해 물어보는 잘못된 형식으로 되어 있습니다. 최근 「伺う」를 정녕어(丁寧語)와 혼동하는 사람이 늘어나고 있는 것 같습니다만, 이 경우 「伺う」의 사용법은 매우 무례한 말을 낳게 합니다.

4. 직장 상사나 고객에 대한 대응

父が亡くなりました(?)

[質問] 次のような状況の場合、適切な敬語を①~②から選んでください。

(1) お客様の名前を確認するとき。
　①「鈴木さんでいらっしゃいますか」
　②「鈴木さんでございますか」

(2) 相手にどうしたのか尋ねる。
　①「どうなさいましたか」
　②「どういたしましたか」

(3) 父親が死んだことを伝える。
　①「父が他界いたしました」
　②「父が亡くなりました」

(4) 部長が社長の意向を受けて課長に打診する。
　①「社長は君を支店長にと言っているが、どうかね」
　②「社長は君を支店長にとおっしゃっているが、君はお受けするかね」

아버지가 돌아가셨습니다

[질문] 다음과 같은 상황에서 사용할 수 있는 적절한 경어를 ①~②에서 고르시오.

(1) ①

「ございます」는 자신을 낮추어 상대방을 높이는 겸양어입니다. 따라서 자기소개를 하는 경우 「鈴木でございます(스즈키입니다)」라고 합니다만, 상대방의 이름을 확인하는 경우는 「~さんでいらっしゃいますか(~씨이십니까)」라고 표현해야 합니다.

(2) ①

「いたす」는 겸양어입니다. 따라서 자신이 행한 경우에 「私が連絡いたします(제가 연락하겠습니다)」「私がいたしましょう(제가 하겠습니다)」등과 같이 사용하는 표현입니다. 상대방의 행동에 대해서는 존경어를 사용합니다.

(3) ①

「亡くなる」라는 표현은 「死ぬ」의 존경어이므로 자기 집안사람의 죽음을 표현하는 경우는 「他界」라는 표현이 적절합니다.

(4) ②

부장에게 사장은 자신의 상사이므로 사장에 관한 것은 존경어로 말하며, 사장과 과장의 관계에서는 「お受けする(맡아 드리다)」라는 겸양표현을 사용합니다.

4. 직장 상사나 고객에 대한 대응

お世話様です(?)

[質問] 次の状況での発言は適切ではありません。その理由を①~③から選んでください。

(1) お客さんに「お世話様です」と言った。
　①「お」と「様」がついた二重敬語である。
　②ぶっきらぼうで無愛想な印象を与えがちである。
　③「お世話様」は目上の人が目下の人に使う言葉である。

(2)「部長の〇〇が昔から一度鈴木様にお会いしたいと言われていました」と言った。
　①「お会いしたい」という言葉が尊敬語になっていない。
　②社内の人間の行為を「言われる」という尊敬語で表現している。
　③人の言葉を使って「会いたい」気持ちを表現するのは失礼になる。

(3) 名刺交換の席で、自分の職務を「渉外をさせていただいております」と言った。
　①「させていただく」は謙譲語なので、この席にはふさわしくない。
　②「させていただく」は許可を与える立場の上司を高める印象を与える。
　③「させていただく」は大げさな敬語である。

신세를 집니다

[질문] 다음과 같은 상황에서의 발언으로서는 적절하지 않습니다. 그 이유를 ①~③에서 고르시오.

(1) ③

　올바른 표현은 「お世話になっています(신세를 지고 있습니다)」 이 말은 인사말로서 빈번하게 사용됩니다. 그런 만큼 간혹 생략해 버리는 경향이 있기도 합니다만, 그럴 경우 말의 뉘앙스가 전혀 달라져 버리기 때문에 주의해야 합니다.

(2) ②

　올바른 표현은 「部長の○○が昔から一度鈴木様にお会いしたいと申しておりました(○○ 부장이 옛날부터 스즈키 씨를 한 번 뵙고 싶다고 말하고 있었습니다)」 자기 회사 사람이 했던 행동에 대하여 「言う」와 「~れる」의 존경어를 사용한 것으로서, 이러한 경우에 존경어를 사용하는 것은 적합하지 않습니다.

(3) ②

　올바른 표현은 「渉外を担当しております(섭외를 담당하고 있습니다)」 「~させていただく」는 상대방에게 허가를 얻어야 하는 경우에 사용하는 말입니다. 따라서 허가를 해준 상사에 대한 경어가 되기 때문에 이 경우는 적절하지 않습니다.

Part 03   **4. 직장 상사나 고객에 대한 대응**

プレゼンテーションの司会（進行）ご苦労様です(?)

［質問］ふさわしくない表現方法がひとつだけあります。①～③から選んでください。

(1) 外部の会社の偉い人をお迎えに行って、自分の会社の上司に報告する。
　①「部長、●●商事の齋藤部長をご案内いたしました」
　②「部長、●●商事の齋藤部長をお連れしました」
　③「部長、●●商事の齋藤部長でいらっしゃいます」

(2) 課長の仕事に対して部下が声を掛ける。
　①「課長、プレゼンテーションの司会（進行）ご苦労様です」
　②「課長、プレゼンテーションの司会（進行）お疲れさまでした」
　③「課長、プレゼンテーションの司会（進行）大変でしたね」

(3) お得意様に会社の商品を説明するとき。
　①「すでにご覧いただいているかもしれませんが」
　②「すでにご覧になっているかもしれませんが」
　③「すでにご覧になっていらっしゃるかもしれませんが」

프레젠테이션의 사회 진행 고생하셨습니다

[질문] 어울리지 않는 표현이 하나씩 있습니다. ①~③에서 고르시오.

(1) ②

「お~する」라는 표현 자체가 틀린 것은 아닙니다만 「お連れした」라는 말에는 무리하게 데려 왔다는 뉘앙스가 들어 있습니다. 「ご案内する(안내해 드리다)」 「いらっしゃいます(계십니다)」라는 부드러운 말로 바꾸어야 합니다.

(2) ①

손아랫사람이 손윗사람에 대해서는 「お疲れ様(고생하셨습니다)」, 반대로 손윗사람이 손아랫사람에게는 「ご苦労様(수고하셨습니다)」라고 하는 것이 상식입니다.

(3) ②

「ご覧」이라는 말 뒤에 「いる」를 붙이면 어중간한 경어가 되어 버립니다. 물론 이중경어는 아니지만 경어가 중복되어 지나치게 정중한 표현이 될 우려가 있다면, 앞쪽의 경어는 생략하고 뒤쪽의 경어를 분명히 말하는 것이 좋습니다. 따라서 이 경우는 「ご覧いただいている」가 적절한 표현이 될 것입니다.

4. 직장 상사나 고객에 대한 대응

課長、明日まではちょっと無理です(?)

［質問］相手の意に添えないときの言葉遣いを正しい言い方に直しましょう。

(1) 課長から資料の提出を求められました。しかし、指定の期日に提出できそうにありません。そんなとき、
「課長、報告書を明日までに提出するのは、ちょっと無理です」

(2) 夕方、課長から急な残業を頼まれたが、あいにく予定があり断りたい。
「すいません。きょうはちょっと予定があって残業はできません」

(3) 商談中に、相手から新しい提案がありました。しかし、この場合は上司に判断を仰ぐ必要があると思われました。
「すいません。私ではちょっと…．」

과장님, 내일까지는 조금 무리입니다

[질문] 상대방의 뜻에 따르지 못할 경우의 바르지 못한 언어사용입니다. 올바른 표현으로 고치시오.

(1)「課長、報告書ですが、○○についてもう少し調査の必要があるので、もう2日ほど時間をいただけますか」

　약속한 대로 기한 내에 할 수 없을 때, 그 이유가 시간적인 것인지 또는 내용적인 것인지를 명확히 보고할 필요가 있습니다. 그리고 할 수 없는 이유에 따라서 어떻게 대처하면 좋을지 어드바이스를 구하는 것도 좋을 것입니다. 그럴 때는「何かアドバイスをいただけませんでしょうか(무언가 어드바이스를 받을 수 없겠습니까)」라고 말합니다.

(2)「申し訳ございません。明日は入院中の母の手術予定日でして。明日、私は手術に立ち合わないので、今日会っておきたいものですから…. (죄송합니다. 내일은 입원중인 어머니의 수술 예정일이어서. 내일 저는 수술에 입회를 하지 않기 때문에 오늘 만나 두고 싶어서….)」

　기본적으로는 상사의 명령이므로 승낙을 하는 것이 원칙이지만, 어쩔 수 없는 사정이 있는 것을 설명하면서 마음으로부터 사죄를 구합니다.

(3)「その件は私の一存で判断しかねます。上司と相談いたしますので、今日は持ち帰らせていただきます(그 건은 저의 생각만으로는 판단할 수 없습니다. 상사와 상담을 해야 하므로, 오늘은 갖고 돌아가겠습니다)」

　자신이 없는 듯이 말의 어미(語尾)를 애매하게 하는 표현은 상대방에게 불안감을 줍니다. 자기 마음대로 판단할 수 없는 경우는 상사와 상담해야 한다는 취지를 상대방에게 확실히 전달합니다.

4. 직장 상사나 고객에 대한 대응

外出の予定がありましてお会いになれません(?)

[質問] 次の言い方は適切ではありません。その理由は①と②のどちらでしょうか。

(1) 自社を訪問されていた得意先の部長から、太田部長に「お目にかかりたい」との申し出がありました。太田部長は外出の予定があり、時間が取れないとのことでした。「太田部長は外出の予定がありまして、お会いになれないということです」
　①「お会いになれない」という表現は、自社の部長に対する敬語となる。
　②得意先の部長からのイレギュラーな申し出に対しては、取り次がない。

(2) 上司にごちそうになって「いつもすいません。なかなかおいしかったです」
　①「なかなか」という表現は批評がましい言い方で上司に言うべき言葉ではない。
　②「すいません」は「ありがとう」という意味はなく、改まって「おいしゅうございました」と言うべきである。

(3) 仕事でミスをして上司に「今回はすいませんでした」と謝罪しました。
　①「すいません」はビジネス上では、お詫びの言葉として認められない。
　②「すいませんでした」というように過去形で謝ってはいけない。

외출 예정이 있어서 만나실 수 없습니다

[질문] 다음 표현은 적절하지 않습니다. 그 이유는 ①과 ②의 어느 쪽일까요.

(1) ①

　단골 거래처의 부장에게는 경어를 사용해야 하므로 자기 회사의 부장은 겸양어로 표현해서 「部長の太田は外出する予定で、お目にかかれないと申しております(오타 부장은 외출할 예정이어서 뵈올 수 없다고 했습니다)」라고 말한 것입니다. 아무리 무리한 주문이라도 성의를 가지고 대응하는 것이 비즈니스에서는 필요합니다.

(2) ②

　상사에게는 분명히 예를 갖추어 인사를 드립니다. 그리고 「おいしゅうございました(맛있습니다)」라는 표현도 사용할 수 있도록 해둡시다.

(3) ①

　실수의 정도나 사죄하는 상대방에 따라서 표현을 달리 합니다. 예를 들면 중대한 실수나 중요한 고객에 대한 사죄의 경우 「私どもの不手際でご迷惑をおかけしました。誠に申し訳ありません(저희의 불찰로 폐를 끼쳤습니다)」 등과 같은 표현을 해야 합니다. 그렇게까지는 하지 못하더라도 「申し訳ありません(죄송합니다)」 「お詫び申し上げます(사죄드립니다)」 정도는 무의식적으로 자연스럽게 나오도록 해둡시다.

Part 03   4. 직장 상사나 고객에 대한 대응

お客様がお見えになられています(?)

[質問] 次の言い方は間違った敬語の使い方です。正しい言い方に直してください。

(1)「お客様がお見えになられています」
   (   )

(2)「お客様にお見えいただいています」
   (   )

(3)「課長がおっしゃられたことは、ごもっともです」
   (   )

(4)「先生はすでにお帰りになられました」
   (   )

(5)「恐れ入りますが佐藤部長にお取り次ぎいただけますか」
   (   )

손님이 와 계십니다

[질문] 다음 말들은 올바른 경어 사용법이 아닙니다. 올바른 표현으로 고치시오.

(1)「お客様がお見えになっています(손님이 와 계십니다)」
「見える」는「来る」의 경어인데 다시「お~られる」의 경어형식을 취하고 있으므로 이중경어가 됩니다. 따라서「~られる」를 없애야 합니다.

(2)「お客様にお越しいただいています(손님이 와 주셨습니다)」
「お見えになって(오셔서)」와「おいでいただく(와 주시다)」를 서로 혼동하고 있습니다. 따라서「お越しいただいている(와 주시다)」로 통일하는 것이 알기 쉬운 표현이 될 것입니다

(3)「課長がおっしゃることは、ごもっともです(과장님이 말씀하시는 것은, 지당하신 말씀입니다)」
「おっしゃる」는「言う」의 존경어이기 때문에「~られる」는 없애야 합니다.

(4)「先生はすでにお帰りになりました(선생님은 이미 돌아가셨습니다)」
「お帰り」와「お~られる」로 이중경어가 되기 때문에「~られる」는 없애야 합니다.

(5)「恐れ入りますが佐藤部長にお取り次ぎいただけますか(죄송합니다만 사토 부장님께 연결해 주시겠습니까)」
직위에는 원래부터 경의가 내포되어 있기 때문에「~さん」이라든지「~様」를 붙일 필요가 없습니다. 그래도 조금 꺼림칙하다면「部長の佐藤様(부장인 사토님)」라고 말하도록 합니다.

4. 직장 상사나 고객에 대한 대응

先ほどの〇〇について、もう少し詳しく説明を(?)

[質問] 次のような場合、どのように答えればいいでしょうか。(　)内に言葉を入れて完成させてください。

(1) 明日、課長と先方に商談のために訪問することになりました。相手先と日時の打ち合わせをして課長に報告しました。
「課長、明日午前10時に先方に(　①　)と連絡いたしましたので、よろしくお願いします」

(2) 相手先の会社からあることについて、説明を受けましたが、よく理解できません。そんなときにもう一度説明をお願いしました。
「先ほどの〇〇について、もう少し詳しくご説明を(　②　)」

(3) 課長が席から自分のことを呼んでいます。課長の席に行って、「どのような(　③　)」と課長に言葉を掛けました。

(4) 課長から新プロジェクトの企画を担当するように打診され「ぜひ、(　④　)」と言って承諾しました。

조금 전 ○○에 대해서 조금 더 상세한 설명을

[질문] 다음과 같은 경우 어떻게 대답하면 좋을까요. ( ) 안에 적당한 말을 넣어 문장을 완성시키시오.

① 「伺う(여쭙다)」
　방문한 상대방에 대한 겸양어가 되어야 하므로「伺う」라고 하게 됩니다.

② 「いただけませんか(해 주시겠습니까)」
　다시 한 번 설명을 요구할 경우는 상대방의 설명이 부족했거나 이해하기 어려웠다는 식으로 상대방을 비난하는 듯한 말은 삼가는 것이 좋습니다.

③ 「ご用でしょうか(용건이 있으십니까)」
　「何かご用でしょうか(무언가 용건이 있으십니까)」「お呼びでしょうか (부르셨습니까)」라는 말보다, "이제부터 당신의 지시에 따르겠습니다"라는 마음가짐이 상대방에게 전달될 수 있는 대답을 하도록 합니다.

④ 「やらせていただきます(하겠습니다)」
　잘 할 것이라고 생각해서 타진을 한 상사에게 「声を掛けていただいてありがとうございます。精一杯がんばります(말씀해 주셔서 고맙습니다)」라는 기분을 담은 회답을 합니다. 「結構です(괜찮습니다)」라는 말을 사용하는 경향이 있습니다만, 경어로 사용하기에는 조금 맞지 않는 표현으로서 상대에게 오히려 반감을 살 수도 있습니다.

5. 직장 상사에 대한 대응

なるほど、おっしゃる通りです(?)

[質問] 次の敬語は適切ではありません。その理由を①~③から選んでください。

(1) 上司の太田部長から「こうすれば、問題を解決できるね」と声を掛けられた鈴木さんは、そのアイデアに心から賛同するつもりで「なるほど、おっしゃる通りです」と答えました。
① なるほど、という表現が不適切である。
② おっしゃるという言い方が尊敬語になっていない。
③「おっしゃる通りです」という言い方が不遜である。

(2) 鈴木さんは、加藤課長がクレーム処理をして会社に戻ってきたので、ねぎらいの気持ちを込めて「ご苦労様です」と声を掛けたところ、かえって課長に叱られてしまいました。
① 上司なので、「ご苦労様でございました」と言うべき。
② 気軽に声を掛けられて腹立たしかった。
③「ご苦労様」は目上の人が目下の人に対して使う言葉である。

과연 말씀하신 대로입니다

[질문] 다음과 같은 경어표현은 적절하지 않습니다. 그 이유를 ①~③에서 고르시오.

(1) ①
「なるほど」라는 표현은 다른 사람의 상황이나 의견 또는 설명 등이 정확하다고 인정하는 기분을 나타낼 때에 사용합니다. 따라서 부하가 상사의 의견에 대해서「なるほど」라고 맞장구를 치는 것은 부하가 상사의 의견을 평가하는 일이 되기 때문에 불손하게 받아들일 수 있습니다. 하지만 말하는 사람의 눈앞에 전개되는 상황에 대해서는「なるほど」라고 말하더라도 상대방에 대한 맞장구가 되지 않기 때문에 문제가 없습니다.

(2) ③
「お疲れ様です(고생하셨습니다)」라는 표현은 어떤 사람의 노동을 치하하고 위로하는 말입니다. 그리고 공동 작업을 한 사람들끼리 서로를 치하하고 위로하는 경우에도 사용합니다. 그러나「ご苦労様(수고했습니다)」라는 표현은 말하는 이 자신에게 이익이 되는 노동이나 작업에 대하여 치하하거나 위로하는 경우에 사용됩니다. 택배업자가「お荷物をお届けにあがりました(물건을 배달하러 왔습니다)」라는 말을 했을 때「どうもご苦労様(너무 수고하셨어요)」라고 대답하는 경우입니다. 원래는 두 가지 말 모두 노동에 대한 치하나 위로를 의미는 경우에 사용하였지만, 현재는「ご苦労様」라는 표현은 손윗사람이 손아랫사람에게 하는 말이 되었으며, 반대로 손아랫사람이 손윗사람에게 치하나 위로의 말을 하고자 한다면「お疲れ様」를 사용해야 합니다.

Part 03　5. 직장 상사에 대한 대응

何時頃、ご帰社されますか(?)

［質問］次の表現の中で、間違っているものを①~③から選んでください。

(1) 外出する上司に対して、帰社時間を聞きました。
　①「何時頃、ご帰社されますか」
　②「何時頃、お戻りになりますか」
　③「何時頃、お帰りになりますか」

(2) 出張から帰ってきた上司に、留守中のできごとを報告したときに
　①「課長が出張なされたときに」
　②「課長が出張なさったおりに」
　③「課長が出張されていたときに」

(3) 課長に新しいプロジェクトリーダーに、と言われて
　①「私にこのような重責が務まりますでしょうか」
　②「役不足で私には務まりそうにありません」
　③「力不足の私には務まりそうにありません」

몇 시쯤 회사에 돌아오십니까

[질문] 다음 표현 중에서 틀린 것을 ①~③에서 고르시오.

(1) ①
「ご~される」는 겸양어 「ご~する」와 존경어 「~される」가 합쳐진 것으로 잘못된 경어의 전형적인 모습입니다. 「ご結婚される」「ご出席される」도 마찬가지로 잘못된 것입니다.

(2) ①
「なされた」는 이중경어가 됩니다. 정중한 말투를 사용해야 한다고 생각한 나머지, 순간적으로 잘못 사용한 대표적인 경어표현이라고 할 수 있을 것입니다.

(3) ②
「役不足(주어진 직무에 만족하지 않음)」라는 말은 자신의 능력에 비해 주어진 직책이 부족하다고 하는 의미가 됩니다. 즉 이 정도의 직책으로는 만족할 수 없다고 하는 의미가 됩니다.

Part 03　5. 직장 상사에 대한 대응

課長が説明に行きます(?)

[質問] 上司に対する話し方として適切なほうを選んでください。

(1) 部長に、課長が説明に来ることを報告する
　　① 「課長がご説明に伺います」
　　② 「課長が説明に行きます」

(2) 社長に課長の所在を尋ねられて
　　① 「課長はいらっしゃいます」
　　② 「課長はおります」

(3) 昨晩、上司に誘われつい飲み過ぎて
　　① 「課長、ゆうべはつい飲み過ぎて失礼いたしました」
　　② 「課長、昨晩はどうも」

(4) 長年勤めた会社を辞めるとき、上司に対して
　　① 「長い間お世話になりありがとうございました」
　　② 「長い間、本当にお世話様でした」

과장이 설명하러 갑니다

[질문] 직장 상사에 대한 말로서 적절한 표현을 고르시오.

(1) ①
　담당자에게는 과장이나 부장은 상사가 됩니다. 이러한 경우의 언어표현은 매우 어렵습니다. 이러한 경우는 자신이나 과장에게도 상사에 해당하는 부장에게는 겸양어를 사용하여야 합니다.

(2) ②
　이 경우도 사장은 자신이나 과장 모두에게 상사이기 때문에 겸양어를 사용하여야 합니다.

(3) ①
　친한 사이라도 예의를 갖추어야 합니다. 「どうも」라는 말 한 마디로 감사나 사죄의 기분을 나타내는 것은 바람직하지 않습니다. 마지막까지 확실히 사죄를 하거나 사례 인사를 하여야 합니다. 또한 손님을 초대한 경우처럼 격식을 차린 자리에서는 「どうも」가 아닌 「誠に(참으로)」라는 말을 사용하여야 합니다.

(4) ①
　「お世話様(신세를 졌습니다)」는 손윗사람이 손아랫사람에게 사용하는 말입니다. 마지막까지 감사의 기분을 담아서 정중한 경어를 사용하여야 합니다.

Part 03　5. 직장 상사에 대한 대응

課長、そろそろ参りませんか(?)

［質問］次の敬語は適切ではありません。その理由を①~③から選んでください。

(1) そろそろ上司と外出する時間です。「課長、そろそろ参りませんか」
　①「そろそろ」という重ね言葉は、上司には言うべきではない。
　②自分も行くのだから、謙譲語より丁寧語の「行きましょう」が妥当。
　③上司にある行為を誘うので、謙譲語ではなく尊敬語を使うべきである。

(2) 上司に問題が起きた状況を報告する。「部長、ご報告申し上げたいと存じます」
　①「ご」と「申し上げる」で二重敬語になっている。
　②「申し上げる」と「存じます」は大げさすぎてオフィス向きではない。
　③自分が報告するので敬語は不要である。

(3) 日頃から面倒を見てくれる先輩に「先輩がご指導してくれたおかげです」
　①「ご~する」という言い方は謙譲語である。
　②「~くれた」が謙譲語になっていない。
　③指導をしてもらったのは自分なので「ご」は付けない。

과장님 슬슬 가볼까요

[질문] 다음은 적절한 경어표현이 아닙니다. 그 이유를 ①~③에서 고르시오.

(1) ③
　「課長、そろそろいらっしゃいませんか(과장님 슬슬 가보실까요)」가 올바른 표현입니다. 상사뿐만 아니라 자신도 가기 때문에 겸양어를 사용할 수도 있을 것 같지만, 상사인 상대방에게 어떤 행위를 권유하는 경우이므로 존경어를 사용합니다. 그러나 같은 경우 과장에게도 상사인, 예를 들면 부장이 있는 곳에 가는 경우는 「参りましょう(갑시다)」라고 말하더라도 이상하지 않습니다.

(2) ②
　「部長、ご報告いたします(부장님, 보고드리겠습니다)」「申し上げます(말씀드리겠습니다)」라는 표현은 사용할 수 있지만, 「存じます(생각하옵니다)」는 약간 오버라고 하는 느낌이 듭니다. 그리고 이 표현은 「~したいと思います(~하고자 합니다)」라는 의미로서 「したい(하고 싶다)」와 「思う(생각하다)」가 중복하여 만들어진 말입니다. 따라서 아무 곳이나 많이 사용하는 것은 바람직하지 않습니다. 사무실 등에서는 무언가를 희망하는 듯한 이러한 표현보다는 단호한 표현 쪽이 적합할 것입니다.

(3) ①
　「先輩にご指導いただいたおかげです(선배님께서 지도해 주신 덕택입니다)」와 같은 말로 선배에 대한 감사와 존경의 기분을 나타냅니다.

Part 03

5. 직장 상사에 대한 대응

お言葉を返すようですが…. (?)

[質問] 次のような状況での発言に問題があります。正しい言い方に変えてください。

⑴ ある日の午後、エレベーターホールで部長に出会いました。あわてて「こんにちは」と挨拶してしまったのですが、正しくはどう言えばよかったのでしょう。

⑵ 会議中に上司と意見の交換をしているとき、どうしても上司の意見に納得がいかず「お言葉を返すようですが、それは違うと思います」と反論しました。

⑶ 課長から企画書を書くように指示されました。しかしどうもうまくいきません。そこで「課長、例の企画書の件、おざなりにしているわけではないのですが、もう少しお時間をいただけますか」とお願いしたら、逆に注意されました。

말씀을 반박하고자 합니다만….

[질문] 다음과 같은 상황에서의 발언으로는 문제가 있습니다. 올바른 표현으로 바꾸시오.

(1) 「お疲れ様です(고생하셨습니다)」
　보통 오전이라면「おはよう」, 오후라면「こんにちは」, 밤이라면「こんばんは」라는 인사를 합니다. 그러나 비즈니스에서는「こんにちは」「こんばんは」라는 표현은 하지 않습니다. 얼굴을 맞대었을 때 처음 인사는「お疲れ様です」라고 합니다. 그러나 이 말도 회사 외의 사람에게는 위화감을 주는 경우가 있기 때문에「お世話になっております(신세를 지고 있습니다)」라고 인사합니다.

(2) 「お考えはごもっともだと思います。ただこうした考え方もできるのでは…。いかがでしょうか(생각은 지당하시다고 생각합니다. 하지만 이러한 생각도 할 수 있지 않을까…. 어떠십니까)」
　「お言葉を返すようですが(말씀을 반박하고자 합니다만)」라는 표현은 정중한 표현이긴 합니다만 분명히「あなたの意見には賛成できません(당신의 의견에는 찬성할 수 없습니다)」라는 의사가 담겨져 있습니다. 먼저 상대방의 의견을 받아들인 다음에 대안을 제시하는 편이 쓸데없는 마찰을 피할 수 있습니다.

(3) 「課長、ご依頼の企画書の件、なおざりにしているわけではないのですが、調査に時間がかかるのでもう２日ほどお時間をいただけますか(과장님, 의뢰한 기획서의 건을 태만히 하고 있는 것은 아닙니다만, 조사에 시간이 걸리므로 2일만 더 시간을 주십시오)」
　「おざなり(일시모면, 임시 변통)」는「なおざり(소홀히, 등한히)」라고 표현합니다. 그리고 늦어지는 이유와 시간을 명확히 하여야 합니다.

5. 직장 상사에 대한 대응

司会は課長におやりいただけませんか(?)

[質問] 次の言い方で不適切なものをひとつ選んでください。

(1) 課長に得意先との懇親会の司会をお願いする。
   ①「司会は課長におやりいただけませんか」
   ②「司会は課長にしていただけますか」
   ③「司会は課長にお願いできますか」

(2) 課長の伝言を部長に伝える。
   ①「課長が来月の会議に部長にご出席いただきたいと言っておられました」
   ②「課長が来月の会議に部長に出席してほしいと申しておりました」
   ③「課長が来月の会議に部長に出席していただきたいとおっしゃっていました」

(3) 課長に不始末をお詫びする。
   ①「課長、今回は本当にご迷惑おかけしてすいません」
   ②「課長、今回は申し訳ないことをいたしました」
   ③「課長、今回不始末をいたしましてお詫び申し上げます」

사회는 과장님이 해 주시지 않겠습니까

[질문] 다음의 말 중에서 부적절한 것을 하나씩 고르시오.

(1) ①
「やる」는「私がやります」「私にやらせてください」등과 같은 경우는 괜찮지만 경어로 사용하려면 상대방을 존경하는 기분이 전해지기 어려운 말입니다. 「お」와「いただく」를 붙였다 하더라도「お願いできますか(부탁드릴 수 있겠습니까)」라는 표현에는 미치지 못합니다.

(2) ②
②는 출석해 주었으면 하는 부장에게나 전언을 부탁한 과장에게 모두 경의를 느낄 수 없습니다. 과장에게는 겸양어를 사용하고 있으므로 오히려 얕보고 있는 것처럼 생각할 수 있습니다. 부장과 과장 모두 상사이기 때문에 경어를 사용해야 합니다.

(3) ①
「すいません」이란 말은 비즈니스에서는 사용할 수 없는 말입니다. 「お詫び申し上げます(용서를 빕니다)」「申し訳ございません(죄송합니다)」등과 같은 말은 비즈니스에서 필수적인 표현이므로 반드시 익혀 두어야 할 것입니다.

Part 03　5. 職場上司에 대한 대응

さすがに部長ですね(?)

[質問] 次の言い方は、上司から誤解を受けやすい言葉です。適切な言い方に直してください。

(1) 課長から部長に伝言するように頼まれたとき「おまえから伝えるようにと課長から言われました」と言いました。
　（　　　　　　　　　　　　　　　　　　　　　　）

(2) 商談に出掛けるという課長に「お一人で行かれますか」と聞きました。
　（　　　　　　　　　　　　　　　　　　　　　　）

(3) 客先のクレームを迅速に処理した部長に「さすがに部長ですね」と言いました。
　（　　　　　　　　　　　　　　　　　　　　　　）

(4) ミスをフォローしてくれた課長に対して「課長を見直しました」と言いました。
　（　　　　　　　　　　　　　　　　　　　　　　）

과연 부장님이시군요

[질문] 다음과 같은 표현은 직장 상사로부터 오해를 받기 쉬운 말입니다. 적절한 표현으로 고치시오.

(1) 「私からお伝えするようにとおっしゃいました(제가 전달해 드리라고 말씀하셨습니다)」

과장이 「おまえから~(자네가~)」라고 말했는지는 모르겠습니다만, 이런 무례한 말을 들은 사람은 불쾌한 마음을 갖게 됩니다. 겸양표현을 사용해서 경의를 나타내도록 하여야 합니다.

(2) 「お一人でいらっしゃいますか(혼자 이십니까)」

「~れる」라는 표현은 존경어로 사용되는 이외에도 수동, 가능, 자발 등으로도 해석할 수 있습니다. 이 경우 「가능」의 의미가 되면 「一人で行って大丈夫ですか(혼자 가더라도 괜찮습니까)」라는 말이 됩니다.

(3) 「部長には頭が下がります(부장님에게는 고개가 숙여집니다)」

「さすがに」는 평판대로 훌륭하다고 감탄할 때에 사용하는 경우와, 할 수 없을 거라고 생각하고 있었는데 어느 정도로 해내서 놀랐다는 두 가지 의미가 있습니다. 따라서 어떻게 듣느냐에 따라 해석이 달라져 버리는 위험한 표현이라고 할 수 있습니다.

(4) 「改めて恐れ入りました(거듭 놀랐습니다)」

이 표현도 「大したことはないと思っていたのに、そうでもなかった(그렇게 신경 쓸 필요는 없다고 생각했는데 그렇지도 않았다)」라는 의미로서 이제까지 상사의 실력을 과소평가하고 있는 느낌의 표현입니다.

6. 이벤트

大勢の方にご参加いただきまして、ありがとうございます(?)

[質問] 次のような状況で、ふさわしい言い方はどちらか選んでください。

(1) イベントで主催者側の挨拶の中で
　①「本日はかくも大勢の方にご参加いただきまして、ありがとうございます」
　②「本日はお忙しい中、ご来臨いただきまして、誠にありがとうございます」

(2) 会社で主催した講演会の講師への挨拶で
　①「本日はお忙しい中、○○先生にご参加いただきまして、大変うれしく思います」
　②「本日はマクロ経済の専門家でいらっしゃる○○先生にご臨席いただきました」

(3) 会社の同期会の挨拶で
　①「お集まりいただいた皆さん。本日は大いに楽しみましょう」
　②「本日は忙しいところご参列いただきまして、ありがとうございます」

많은 분이 참가해 주셔서 고맙습니다

[질문] 다음과 같은 상황에서 어울리는 표현은 어느 쪽인지 고르시오.

(1) ①

(2) ②

(3) ①

「参加」「参列」「参集」의「参」은「参る」라는 겸양어에 사용되고 있는 문자입니다. 따라서「参加いただく」「ご参集いただく」등과 같이「参」이 붙은 표현은 주최자와 참가자 사이에 확실한 상하관계가 없는 경우의 경어로서 사용합니다. 그리고 강사나 내빈 등에 대해서는「ご臨席」「ご来臨」라는 표현이 적절할 것입니다.

또한 공식적인 자리가 아닌 친목회 등의 경우는「ご参列」보다는「お集まりいただいた(모여 주셨다)」라는 표현이 적합할 것입니다.

덧붙여「お」와「ご」의 사용방법에 대해서 다시 한 번 정리해 둔다면, 중국에서 전해져 온 말로 자음(字音)으로 읽는 말이나 혹은 일본어로 만들어졌어도 자음(字音)으로 읽는 한(자)어에는「ご」를 붙이고, 순수한 일본어(和語)로 자훈(字訓 : 뜻)으로 읽는 말에는「お」를 붙이는 것이 원칙입니다.

7. 상거래

お噂はかねがね佐藤から伺っております(?)

[質問] 次の営業トークは適切ではありません。正しい言い方を答えてください。

(1) 商談でお客様に対して
　「お噂はかねがね佐藤から伺っております」

(2) お客様を上司に紹介する
　「こちらが田中様でございます」

(3) 取引先の人の上司へ伝言をお願いする
　「その件は、課長にお伝えしてください」

(4) 商談の結論の連絡をお願いして
　「明日ご連絡してくださいますか」

(5) 新しく発売した商品の説明を始める前に
　「こちらの商品は知っておられましたか」

소문은 진작부터 사토로부터 듣고 있습니다

[질문] 다음과 같은 마케팅 표현은 적절하지 않습니다. 올바른 표현으로 답하시오.

(1) 「お噂はかねがね佐藤から聞いております(소문은 진작부터 사토로부터 듣고 있습니다)」

　　여기에서 「伺う」라는 겸양어를 사용하게 되면 소문을 전하고 있는 자기 쪽 사람인 사토 씨를 손님 앞에서 높여 버리는 표현이 됩니다.

(2) 「こちらが田中様でいらっしゃいます(이쪽이 다나카님이십니다)」

　　「ございます」는 듣는 사람에 대한 정녕어(丁寧語)이므로 손님보다 자기 쪽 사람에게 경의를 표하고 있는 것처럼 들리게 됩니다. 또한 지위가 낮은 사람이 높은 사람을 소개하고자 할 때는 먼저 자기 쪽에서 가까운 사람부터 시작하여 자기 쪽 이외의 사람의 순서로 소개합니다.

(3) 「その件は、課長に伝えていただけますか(그 건은, 과장님께 전해 주시겠습니까)」

　　「お伝えする(전해 드리는)」 과장에게 경의를 표할 것이 아니라, 전해 주도록 부탁을 하는 상대방에게 경의를 나타내도록 하여야 합니다.

(4) 「ご連絡をくださいますか(연락을 주시겠습니까)」

　　「ご連絡して」는 「連絡する」의 겸양어이므로 연락을 하는 손님 입장을 낮추는 표현이 되어 버립니다. 「くださいますか(주시겠습니까)」라는 존경어를 붙였다고 하더라도 「ご~してくださいますか」는 겸양어 표현이기 때문에 손님에게 사용하는 것은 오용입니다.

(5) 「こちらの商品はご存知でいらっしゃいましたか(이쪽 상품은 알고 계셨습니까)」

　　「知っております(알고 있습니다)」는 겸양표현입니다.

7. 상거래

現時点ではわかりません(?)

[質問] 商談での営業トークです。ビジネス敬語としてふさわしい言い方に直しましょう。

(1) 突然納期の延期を申し込まれました。この場で即答できるような問題ではないので「私のレベルでは判断できない問題です」と答えました。

(2) 製品の品質について詳しい説明を求められました。「現時点ではわかりません」

(3) 契約できるかと思っていたところ、突然しばらく延期したいと言われました。「どうして契約を延期されるのですか」と単刀直入に聞いてみました。

(4) 相手先の提案に合意できそうにもありません。そこで「なんとか考え直していただけませんか」とお願いしてみました。

(5) 製品を前にして「これが説明書です。ゆっくり拝読いただきたいと思います」と言いました。

현시점에서는 알 수 없습니다

[질문] 상거래에서의 마케팅 표현입니다. 비즈니스 경어로서 어울리는 표현으로 고치시오.

(1) 「私では判断いたしかねますので、後日お返事させていただきます(저로서는 판단하기 어려우므로 후일 대답해 드리겠습니다)」

    사내조정이 필요한 문제이므로 적당히 대답해 버리면 나중에 중대한 트러블이 발생할지 모릅니다. 사내에서 검토한 다음 다시 대답을 한다고 말하는 게 좋을 것입니다.

(2) 「現時点ではわかりかねます。その点については、調べまして改めてご回答いたします(현시점에서는 알기 힘듭니다. 그 점에 대해서는 조사한 다음 다시 회답해 드리겠습니다)」

    아는 척을 하는 것도 문제이지만 반대로 「わかりません(모르겠습니다)」이라는 부정적인 표현도 바람직하지 못합니다. 「後日、報告する(후일 보고한다)」라고 하고서 다음 상담으로 이어가는 기회를 만들도록 합니다.

(3) 「どのような点にご不満をお持ちなのか参考までにお聞かせ願えませんか(어떤 점에 불만을 갖고 계신지 참고로 말씀해 주시지 않겠습니까)」

    비즈니스에서 갑작스런 노선변경은 다반사로 일어납니다. 왜 생각을 바꾸었는지 그 이유를 캐묻는 것보다는 상대방의 의도가 무엇인지를 파악할 수 있는 질문을 하도록 합니다.

(4) 「お考え直していただくわけには参りませんでしょうか(생각을 바꾸어 주실 주는 없으실까요)」

(5) 「これが説明書でございます。ゆっくりご覧になってください(이것이 설명서입니다. 천천히 보아 주십시오)」

7. 상거래

この件はなかったことにしてください(?)

[質問] 商談が紛糾しています。こんなときだからこそ感情的な発言は控えたいところですが…。ビジネスにふさわしい言い方に直しましょう。

(1) 急な路線変更があり、契約しないことになったことを相手に連絡する。「この件はなかったことにしてください」

(2) お客様の要望にお答えできないことを伝える。「規則ですので、できません」

(3) 相手からいろいろと不備の指摘を受けて「指摘されたことを心に刻み、汚名挽回できるよう頑張ります」

(4) 商談が紛糾して、一度説明したことを再び説明するように要求された。「先ほども申し上げましたが」

(5) 説明が不足してわかりにくかったので「先ほどの説明では、○○について話されていないようですが」

이 건은 없었던 일로 해 주십시오

[질문] 상거래가 잘 진행되지 않고 있습니다. 이런 때일수록 감정적인 발언을 삼가야 한다고 생각합니다. 비즈니스에 어울리는 표현으로 고치시오.

(1) 「白紙に戻させていただきます。力及ばず申し訳ありません(백지로 돌리겠습니다. 힘이 되지 못해 죄송합니다)」

「白紙に戻させていただく(백지로 돌리다)」를 「見送らせていただく(뒤로 미루다)」로 바꾸어 말해도 괜찮을 것입니다. 이번에는 계약이 성립되지 않았습니다만 앞으로 어떻게 될지 모릅니다. 차후 화근을 남기지 않도록 말해야 합니다. 그리고 「力が及ばなかった(힘이 미치지 못했다)」라는 사죄의 말도 곁들이도록 합니다.

(2) 「お役に立てずに大変申し訳ありませんが、規則でございますので、ご了承いただけませんか(힘이 되어 드리지 못해 대단히 죄송합니다만, 규칙이므로 양해해 주십시오)」

상대방은 손님이므로 정중하게 거부를 하여야 합니다. 몇 번이나 반복해도 납득이 되지 않을 경우에는 「ですから(때문에)」나 「だから(때문에)」라는 말을 하기 쉽지만, 이 말은 「何回言ってもわからない人だ(몇 번이나 말해도 모르는 사람이다)」라는 의미가 들어가 있기 때문에 피하는 것이 좋습니다.

(3) 「ご指摘いただいたことを心に刻み、名誉挽回できるよう頑張ります(지적해 주신 것을 마음 깊이 새겨서 명예 회복을 할 수 있도록 힘쓰겠습니다)」

오명(汚名)은 반납하겠습니다. 이러한 경우는 부정적인 말은 피해야 합니다.

(4) 「先ほども申し上げたかもしれませんが、説明が足りなかったようなので、もう一度ご説明させていただきます(조금 전에도 말씀드렸다고 생각합니다만, 설명이 부족했던 같으므로 한 번 더 설명하겠습니다)」

(5) 「先ほどのお話の○○についてもう少し詳しくご説明いただけませんか(조금 전의 이야기 ○○에 대해서 조금 더 상세히 설명해 주시지 않겠습니까)」

8. 회의

その意見には反対です(?)

[質問] 社内での会議中に、適切でない言い方が出てきました。トラブルが起きない穏当な敬語や表現に直しましょう。

(1) 内部会議の司会・進行を頼まれました。案件の説明がされた後に、出席者の意見を求めました。「何かご意見はありますか」

(2) 会議である案件が決定されようとしています。でもその考えには問題があるので、発言しました。「その意見には反対です。なぜならば…」

(3) 自分が提案した意見に対して、反対意見が出ました。その意見に対してさらに反論をしました。「反対とのことですが、その根拠が私には全く理解できません」

(4) 緊急事態が起こり、会議中の課長に連絡を取らなくてはいけなくなりました。「会議中申し訳ありません。すぐすむので、課長お願いします」

그 의견에는 반대입니다

[질문] 회사 내에서의 회의 중에 적절하지 않은 표현이 나왔습니다. 서로 트러블을 일으키지 않도록 할 수 있는 부드러운 경어나 표현으로 고치시오.

(1) 「ご意見をお聞かせくださいませんか(의견을 말씀해 주시지 않겠습니까)」

(2) 「とてもいい考えだと思いますが、あえて反対意見を述べさせていただきます(매우 좋은 생각이라고 생각합니다만, 감히 반대의견을 말씀드리겠습니다)」

(3) 「なるほど、そういう考えもありますね…. (과연, 그러한 생각도 있었군요….)」
　　반대의견을 말할 때나 들을 때 모두 먼저 상대방의 이야기를 잘 듣고 상대방의 말을 도중에 자르지 않도록 배려하여야 합니다. 그리고 처음부터 부정하려 들지 말고 상대방의 의견을 긍정적으로 받아들인 다음에 자신의 생각을 말하는 쪽이 서로 냉정하게 의견을 교환할 수 있습니다.

(4) 「会議中、失礼いたします。すぐに済みますので、課長お願いします(회의중 실례합니다. 곧 끝나므로 과장님 부탁드립니다)」
　　회의 중인 회의실에 들어가는 것은 용기가 필요합니다. 회의를 중단시켜 많은 사람들에게 좋지 않은 영향을 주는 행위이기 때문에 메모 등을 준비해서 간결하게 끝내도록 노력하여야 합니다. 연락을 받고 회의 중간에 자리를 뜰 필요가 있을 경우는 「申し訳ございません。少々席を外してよろしいでしょうか(죄송합니다. 잠시 자리를 비워도 좋을까요)」라는 말을 한 다음 회의실을 나가도록 합니다.

PART IV
전화 경어

1. 전화 경어의 기본
2. 교환 · 전언
3. 교환
4. 전언
5. 전화상의 대응
6. 이름을 정확히 듣지 못했을 때
7. 전화가 잘 들리지 않을 때
8. 항의 전화
9. 전화 걸기
10. 전화 받기
11. 돌발 상황에 대한 대응
12. 직장 상사의 가족으로부터의 전화
13. 전화를 이용한 연락
14. 손님 댁에 전화 걸기
15. 전화상의 트러블

Part 04 1. 전화 경어의 기본

言っておきます(?)

[質問] ビジネスの電話での対応でよく使われる言葉に直しましょう。

① 「ありません」→(　　　　　　　　　　)

② 「いいですか？」→(　　　　　　　　　　)

③ 「言っておきます」→(　　　　　　　　　　)

④ 「聞きます」→(　　　　　　　　　　)

⑤ 「知りません」→(　　　　　　　　　　)

⑥ 「すみませんが」→(　　　　　　　　　　)

⑦ 「席にいません」→(　　　　　　　　　　)

⑧ 「そうですか」→(　　　　　　　　　　)

⑨ 「できません」→(　　　　　　　　　　)

⑩ 「どうですか？」→(　　　　　　　　　　)

⑪ 「わかりました」→(　　　　　　　　　　)

말해 두겠습니다

[질문] 비즈니스 전화에서의 대응으로 자주 사용되는 말로 고치시오.

① 「ありません」→「ございません(없습니다)」

② 「いいですか?」→「よろしいでしょうか?(좋을까요?)」

③ 「言っておきます」→「伝えておきます(전해 두겠습니다)」

④ 「聞きます」→「承ります(삼가 듣다)」

⑤ 「知りません」→「存じ上げません(모르겠습니다)」

⑥ 「すみませんが」→「申し訳ございませんが(죄송합니다만)」

⑦ 「席にいません」→「席を外しております(자리를 비웠습니다)」

⑧ 「そうですか」→「さようでございますか(그렇습니까)」

⑨ 「できません」→「できかねます(할 수 없습니다)」

⑩ 「どうですか?」→「いかがでしょうか?(어떻습니까)」

⑪ 「わかりました」→「かしこまりました(알았습니다)」

　이러한 말들은 상대방에 대해 경의를 표하는 마음이 기본이 되어야 합니다. 무심코 평소의 말투를 그대로 가져와서 사용하기 쉽지만 가능한 한 이와 같은 정중한 표현을 사용하도록 하여야 합니다. 그리고 이러한 말들이 자연스럽게 입에서 나오도록 훈련해 두도록 하여야 합니다.

2. 교환・전언

お取り次ぎいただけませんでしょうか

[質問]（　　　）内に入る正しい受け答えを選んでください。

(1) 部長の○○さんに取り次いでもらうには
「恐れ入りますが、（　　　）へお取り次ぎいただけませんでしょうか」
① ○○部長さん
② ○○部長様
③ ○○部長

(2) ○○さんが欠勤だったら
「申し訳ございません。○○は本日（　　　）おります」
① 休みをいただいて
② お休みをいただいて
③ 休んで

(3) ○○さんが戻ってきたら電話してもらうように伝えるには
「恐れ入りますが、（　　　）お電話くださるようお伝えいただけますか」
① 戻ったら
② お戻りになられましたら
③ お戻りになりましたら

(4) ○○さんの会社に訪問する日程を決める
① 私は三日なら都合がよいのですが。
② ご都合のよい日をお伺いできますか。
③ 私はいつでも構いませんが、いかがでしょうか。

바꾸어 주시지 않겠습니까

[질문] 전화를 받을 때 (   ) 안에 들어갈 올바른 말을 고르시오.

(1) ③
　직위는 그 자체로 경어가 되므로 직위 뒤에 「さん」이나 「様」를 붙일 필요가 없습니다.

(2) ③
　휴가는 회사에서 받는 것으로서 전화를 한 사람에게 받는 것이 아니기 때문에 보통 「休んでおります(쉬고 있습니다)」라고 대응합니다.

(3) ③
　①의 「戻ったら(돌아오면)」라는 표현에는 상대방에 대한 경의가 부족합니다. ②의 경우는 「お戻り」와 「られる」로 이중경어가 됩니다.

(4) ③
　①은 자신의 사정을 일방적으로 보고하는 것이고, ②는 상대방에게 면담할 날짜를 정해 준다는 뉘앙스가 있기 때문에 자신의 사정을 말하면서도 상대방의 사정을 들어주는 듯한 표현이 좋을 것입니다.

Part 04

3. 교환

今、○○と変わりますので、お時間よろしいでしょうか(?)

［質問］次の対応は、電話を取り次ぐ場合のものです。でもなんだかおかしな応対です。正しい応対に直してください。

(1) 指名された担当者がすぐに出られません。
　「今、○○と変わりますので、お時間よろしいでしょうか」

(2) 指名された担当者の電話が終わったので、電話を取り次ぎました。
　「○○の電話が終わったようです。○○と変わりますので、ちょっとお待ちください」

(3) 先方から掛かってきた電話に課長が気づいて「自分に変われ」と合図をしています。
　「私どもの課長の○○がお話ししたいと申しております」

(4) 指名された者は出張しており、今日はもう戻らない予定です。
　「今日、内田は出張で帰社しません。明日お電話してくださいますか」

지금 ○○와 바꾸겠습니다만, 시간 괜찮으십니까

[질문] 다음 대응표현은 전화를 바꾸어 줄 때 사용하는 말입니다. 그러나 무언가 이상한 점이 있는 대응표현입니다. 올바른 대응표현으로 고치시오.

(1)「ただいま○○と変わりますので、少々お待ちいただけますか」

전화를 바꾸는 데는 시간이 조금 걸리므로 간접적인 표현보다도「お待ちいただけますか(기다려 주시겠습니까)」라는 편이 훨씬 좋은 호감도를 갖게 됩니다.

(2)「○○の電話が終わりました。○○に変わりますので、そのままお待ちください」

「終わったようです(끝난 것 같습니다)」 등과 같은 애매한 표현은 피해야 합니다. 그리고「ちょっと(조금)」과 같은 말은 비즈니스에서는 사용하지 않는 것이 좋습니다.

(3) 기본적으로 NG

전화를 하려고 한 상대방에게서 마침 전화가 걸려온 경우 먼저 자신이 생각하고 있었던 일을 끝내고 싶은 마음이 있을 것입니다. 그러나 걸려온 전화로 자기의 용무를 보는 것은 그다지 바람직한 일이 아닙니다. 아주 친한 사이라면「頂戴した電話で恐縮ですが(받은 전화로 죄송합니다만)」라고 말하고 용건을 말하는 것은 허용되기도 합니다.

(4)「内田は本日出張で戻らない予定です。恐れ入りますが、明日お電話いただけますか(우치타는 오늘 출장에서 돌아오지 않을 예정입니다만, 내일 전화해 주시겠습니까)」

「今日」는「本日」로 바꾸어야 합니다. 그리고「帰社」라는 말은 전화로는 의미를 잘 알아듣기 힘들기 때문에「戻らない」로 바꾸어야 하며,「お~する」는 겸양어이므로「いただく」로 바꾸도록 하여야 합니다.

4. 전언

伝えてくれますか(?)

[質問] 電話で伝言を頼んだときの話し方です。敬語として適正ではないので、正しい敬語に直してください。

(1)「○○様が戻られたら、電話をくださいと伝えてくれますか」
　（　　　　　　　　　　　　　　　　　　　　　　　）

(2)「急いで伝えたいことがあります。連絡は取れないのでしょうか」
　（　　　　　　　　　　　　　　　　　　　　　　　）

(3)「奥様は何時頃帰宅されますか。じゃ、その頃改めます」
　（　　　　　　　　　　　　　　　　　　　　　　　）

(4)「○○様、明日当社にお越しになるそうですが、参られるときにお電話くださいますか」
　（　　　　　　　　　　　　　　　　　　　　　　　）

(5)「メモしておいてください。お宅の名前教えてくれますか」
　（　　　　　　　　　　　　　　　　　　　　　　　）

전해 주겠습니까

[질문] 전화로 말을 전해 주도록 부탁을 받았을 때의 표현입니다. 올바른 경어로 고치시오.

(1) 「○○様がお戻りになったら、お電話をいただけますよう、伝えていただけますか」

　　얼핏 보면 정중한 표현인 것처럼 보이지만 「戻られたら(돌아오시면)」「電話をください(전화를 주십시오)」「伝えてくれますか(전해 주겠습니까)」 등과 같은 표현은 경어라고 말할 수 없습니다.

(2) 「急ぎ○○様にお伝えしたいことがあります。すぐにお電話をいただけるようお伝えいただけますか(서둘러 ○○님에게 전해 드리고 싶은 것이 있습니다. 곧 전화를 주시도록 전해 주시겠습니까)」

　　급하지만 확실하게 전달해야 하므로 서두르고 있더라도 정중한 표현을 하도록 유의해야 합니다.

(3) 「奥様は何時頃お戻りになりますか。それでは、改めてその頃お電話させていただきます(부인은 몇 시쯤 돌아오십니까. 그러면 그 때쯤 다시 전화를 드리겠습니다)」

　　손님에게 드리는 전화로서는 너무 실례되는 표현입니다. 「帰宅される(귀가하시다)」는 알기 쉽고 정중하게 「戻られる(돌아오시다)」「改める(다시 하다)」는 「改めて電話をさせていただく(다시 전화를 드리겠습니다)」로 바꾸어 말해야 합니다.

(4) 「○○様、明日当社にお越しいただくことになっていますが、いらっしゃるときにお電話をいただけますか」

　　「参る(찾아뵙다)」는 겸양어이므로 「いらっしゃる(가시다)」라는 존경어로, 「お電話ください(전화를 주십시오)」는 「お電話をいただけますか(전화를 주시겠습니까)」로 바꾸어야 합니다.

(5) 「メモをお願いできますか。恐れ入りますが、お名前をお聞かせ願えますか(메모를 부탁드릴 수 있겠습니까. 죄송합니다만 성함을 말씀해 주시겠습니까)」

　　메모까지 부탁한다면 더욱 정중한 말로 부탁을 해야 할 것입니다.

5. 전화상의 대응

お客様のお名前をいただけますか(?)

[質問] 次の電話での応対は適切ではありません。正しい言い方に直してください。

(1)「お客様のお名前をいただけますか。○○様でございますね」
　　(　　　　　　　　　　　　　　　　　　　　　　　　　　)

(2)「当社の課長がそちらに着かれましたら、すぐに●●まで連絡をいただけるよう伝えてくださいますか」
　　(　　　　　　　　　　　　　　　　　　　　　　　　　　)

(3)「申し訳ありません。調べましたら係のほうのミスでございました」
　　(　　　　　　　　　　　　　　　　　　　　　　　　　　)

(4)「それじゃ、三月三日後午後二時に、御社に行くようにします」
　　(　　　　　　　　　　　　　　　　　　　　　　　　　　)

(5)「すいませんが、一五分ほど遅れそうなので、待っていただけますか」
　　(　　　　　　　　　　　　　　　　　　　　　　　　　　)

손님의 성함을 말씀해 주시겠습니까

[질문] 다음과 같은 전화에서의 대응표현은 적절하지 않습니다. 올바른 표현으로 고치시오.

(1) 「お客様のお名前を伺えますか。○○様でいらっしゃいますね(손님의 성함을 여쭐 수 있겠습니까. ○○님이시군요)」

　　최근 「~いただけますか(~해 주시겠습니까)」라는 표현이 「聞かせてもらう」「見せてもらう」라는 의미로 자주 사용되고 있습니다만 잘못된 표현입니다. 「~ございます(~입니다)」도 겸양어이므로 「~いらっしゃいます(~이십니다)」라고 해야 합니다.

(2) 「当社の課長がそちらに着きましたら、すぐに●●まで連絡をするよう伝えていただけますでしょうか(당사의 과장이 거기에 도착하면, 곧 ●●로 연락을 하도록 전해 주시겠습니까)」

　　내가 속한 곳의 사람에게는 겸양어, 상대방에게는 존경어를 사용하는 것이 기본입니다.

(3) 「申し訳ありません。調べましたら私どものミスでございました(죄송합니다. 조사해보니 저희의 실수였습니다)」

　　가령 담당자의 실수일지라도 손님에게는 「私どものミス」라고 대답하여야 합니다. 「~ほうの(~쪽의)」 등과 같이 얼버무리는 표현은 오히려 손님의 원망을 사게 됩니다.

(4) 「それでは、三月三日午後二時に、御社にお伺いします(그럼 3월 3일 오후 2시에 귀사로 찾아뵙겠습니다)」

　　「行く」를 겸양어 「伺う」로 바꾸어 경의를 나타내어야 합니다. 약속한 일시를 복창하여 확실히 해 두도록 합니다.

(5) 「申し訳ありません。一五分ほど遅れてしまいそうなのですが、お待ちいただけますでしょうか(죄송합니다. 15분 정도 늦어질 것 같습니다만, 기다려 주시겠습니까)」

　　생각지 못한 사건으로 늦어질 것 같은 경우는 가능한 한 빨리 상대방에게 연락하도록 하여야 합니다.

6. 이름을 정확히 듣지 못했을 때

失礼ですが、もう一度お名前を伺えますか(?)

[質問] 相手の名前がよくわからなかったとき、どうすればいいか、相手によって、また用件によって違ってきます。次の対応は正しいでしょうか、間違っているでしょうか。

(1)「失礼ですが、もう一度お名前を伺えますか」と丁寧にもう一度聞く。

(2) 聞き直したが、どうしても聞き取れないので「なんとか物産の天野さんから電話です」と取り次いでしつこく聞き直さなかった。

(3) 会社への道順を確認するという用件だったので、相手の名前はあえて聞き直さない。

(4) 相手が名乗りたがらないので、無理に聞き出さない。

(5) 言葉遣いから、相手は常連さんと思われるが、仕事なので名前をきちんと聞く。

실례합니다만, 한 번 더 성함을 여쭐 수 있겠습니까

[질문] 상대방의 이름을 정확하게 듣지 못했을 때 어떻게 하면 좋을지 상대나 용건에 따라 달라질 것으로 봅니다. 다음과 같은 대응표현은 올바른 표현일까요, 아니면 틀린 표현일까요.

전화를 할 때 상대방의 이름을 확인하는 것은 기본입니다. 하지만 상대방의 이름을 잘 알아듣지 못했을 경우 ①과 같은 말투로 정중하게 다시 물어봅니다. 그렇게 했음에도 불구하고 잘 알아듣지 못했다면, 재차 다시 물어보지 않고 모르는 채로 전화를 연결해 주는 편이 좋을 수도 있습니다. 그리고 때와 장소에 따라서는 무리하게 묻지 말고 그대로 묻는 말에 대답하거나 담당자에게 전달하는 편이 좋은 경우도 있습니다.

예를 들면 상대방이 이쪽 회사의 소재지를 확인하고자 하는 경우는 상대방의 이름을 모르더라도 그대로 용건에 대답하도록 합니다. 또한 상대방이 상품에 대한 크레임을 걸려고 전화를 하였을 경우는 일부러 이름을 말하지 않으려고 할 것입니다. 그러한 경우에 무리하게 이름을 물어서 알아내려고 하면 상대방을 더 화나게 만들게 됩니다.

상대방이 단골인 경우에 모르고 이름을 묻게 되면 「なんだオレの名前も知らないのか！(뭐야 내 이름도 몰라!)」라고 화를 낼 수도 있습니다. 무엇보다 먼저 그러한 단골의 목소리나 말투를 기억하도록 노력을 하여야 할 것입니다. 「新人なものですから、お名前を伺ってもよろしいでしょうか(새로 들어온 사람이라서 성함을 여쭈어도 좋겠습니까)」라고 정중하게 묻도록 하여야 합니다.

7. 전화가 잘 들리지 않을 때

お声が小さくて聞き取れません(?)

［質問］次のような状況での対応はどちらが正しいでしょうか。正しい対応を①~② から選んでください。

(1) 電話の相手が自分の名前を名乗りません。どのような言い方で対応しますか。
　①「失礼ですが…..」
　②「失礼ですが、お名前をお伺いしてもよろしいでしょうか」

(2) 名前を聞いたが、はっきり聞こえなかったので、もう一度聞き返す場合は、どう言ったらいいでしょうか。
　①「失礼ですが、もう一度お名前を伺えますか」
　②「申し訳ありませんが、もう一度お名前を伺わせていただけませんでしょうか」

(3) 相手の声が小さくて何を話しているかよくわからない場合は、どうしたらいいでしょうか。
　①「申し訳ありませんが、お声が小さくて聞き取れません」
　②「お電話が遠いようなのですが…..」

목소리가 작아서 들리지 않습니다

[질문] 다음과 같은 상황에서의 대응은 어느 쪽이 올바른 표현일까요. 올바른 대응표현을 ①~② 에서 고르시오.

(1) ②

　이름을 말하지 않는 상대방에게 「失礼ですが…. (실례합니다만….)」라는 말은 「お名前を教えてください(성함을 가르쳐 주십시오)」라는 의미로 일반적으로 사용되고 있습니다. 그러나 이러한 숨겨진 의미를 가진 말을 사용할 것이 아니라 이름을 물어보고 싶으면 직접 「お名前を伺いたい(성함을 여쭙고 싶다)」라고 정확히 말하는 쪽이 좋을 것입니다.

(2) ②

　몇 번이나 다시 물어보는 말이므로 「失礼ですが(실례합니다만)」보다는 「申し訳ありませんが(죄송합니다만)」라고 정중하게 되물어야 합니다.

(3) ②

　비즈니스 상황에서 상대방의 표정이 보이지 않는 경우 상대방의 목소리가 작아서 들리지 않을 때는 상대방의 잘못을 지적하지 않고 전화기 탓을 하는 것이 트러블을 일으키지 않습니다. 그렇게 말하더라도 전화의 상대방은 수화기를 다시 잡거나 목소리를 크게 하는 등의 대응을 할 것입니다.

8. 항의 전화

クレームに対して「なるほど」!?

[質問] クレームの電話が掛かってきました。さて、どのように応対したらいいでしょうか。

第一段階　クレームの内容を（　①　）。
　　　　　「○○様の（　②　）をお察しいたします」

第二段階　共感する。
　　　　　お客様の考え方が間違っていても、相手の意見に共感する。「（　③　）そのような状況でしたら、○○様の言われる通りです」

第三段階　（　④　）する。
　　　　　こちらに非がなくても、「○○様の気分を害してしまったようで、（　⑤　）」

第四段階　解決策を指示する。
　　　　　自分が解決できるか、担当者に回すべきか判断して、解決策を指示。「担当者から（　⑥　）に電話をいたします」

第五段階　フォローする。
　　　　　お客様の問題がきちんと（　⑦　）か、確認をします。

크레임에 대해서 「과연」!?

[질문] 클레임을 거는 전화가 걸려 왔습니다. 그런데 어떻게 대응을 하면 좋을까요.

① 「聞く(묻다)」: 먼저 손님이 어떠한 문제로 화를 내고 있는지 그에 대한 사실을 객관적으로 파악하는 것이 중요합니다.

② 「お気持ち(기분)」: 손님의 크레임에 모순점이 있더라도 이 단계에서 반론을 해서는 안 됩니다. 어디까지나 손님이 무엇에 대해서 화가 나 있는지 그에 대한 사실을 파악해야 합니다.

③ 「仮に、もし(가령, 만약)」: 이 단계에서도 손님이 자신의 기분을 이해해 주고 있다고 느끼도록 하는 것이 가장 중요한 포인트가 됩니다.

④ 「謝罪(사죄)」: 손님의 논리가 이상하더라도 화를 내고 있다는 사실은 변함 없으므로 그것에 대해서 사죄를 합니다.

⑤ 「申し訳ありません(죄송합니다)」: 사죄의 말을 합니다.

⑥ 「○月○日まで(○월 ○일까지)」: 언제까지 해결책을 강구할 것인지 그 기일을 분명히 합니다. 약속한 시간이 지나면 일단 풀렸던 화가 다시 되풀이 될 수도 있습니다.

⑦ 「解決されている(해결되었다)」: 이 결과에 따라서 회사나 상품의 이미지가 크게 바뀝니다.

Part 04

9. 전화 걸기

もしもし。◎◎商事の〇〇です(?)

［質問］ 電話で約束を取り付けるときの言い方です。ずいぶん横柄に聞こえます。お客様に対する電話の掛け方にふさわしい言葉に直しましょう。

(1)「もしもし。◎◎商事の〇〇です」
　　（　　　　　　　　　　　　　　　　　　）

(2)「営業部の◎◎さん、お願いしたいんですが」
　　（　　　　　　　　　　　　　　　　　　）

(3)「お宅の住所をお願いします」
　　（　　　　　　　　　　　　　　　　　　）

(4)「一五分ほどで終わりますが、時間取れませんでしょうか」
　　（　　　　　　　　　　　　　　　　　　）

(5)「じゃあ五月十日の十時ということで。よろしく」
　　（　　　　　　　　　　　　　　　　　　）

여보세요. ◎◎상사의 ○○입니다

[질문] 전화로 약속을 받을 때의 표현입니다. 상당히 거리감을 느끼게 들립니다. 손님에 대한 전화 방법으로 어울리는 말로 고치시오.

(1) 「お世話になっております。◎◎商事の○○でございます(신세를 지고 있습니다. ◎◎상사의 ○○입니다)」

    비즈니스에서는 「もしもし」는 원칙적으로 사용하지 않습니다. 처음 전화를 하는 경우는 「お世話になっております(신세를 지고 있습니다)」라고 인사를 한 다음 자신의 회사명과 이름을 말합니다.

(2) 「恐れ入りますが、営業部の○○様いらっしゃいますか(죄송합니다만, 영업부의 ○○님 계십니까)」

    빈번하게 상대하고 있는 상대방이라면 「~さん(~씨)」이라도 상관없습니다. 하지만 그다지 친하지 않은 사람이라면 「~様(~님)」라고 불러야 하며, 상대방이 전화를 받았을 때 자신의 회사나 이름을 복창하지 않으면 다시 한 번 자신의 회사명과 이름을 말해야 합니다.

(3) 「お宅様の住所をお願いします(그 쪽의 주소를 부탁드립니다)」

    상대방의 회사를 「お宅」라고만 지칭하는 사람이 많습니다. 「お宅」만으로는 경칭을 붙이지 않고 사람을 부르는 것과 똑같습니다. 상대방을 높여서 「お宅様」라고 하여야 합니다.

(4) 「一五分ほどでよろしいのですが、お時間をいただけないでしょうか(15분 정도면 되겠습니다만, 시간을 내 주실 수 있겠습니까)」

    상대방이 근무 시간을 할애해서 만나 주는 데 대한 감사의 마음을 담아 정중한 표현을 합니다.

(5) 「それでは、五月十日の十時、○○様宛に伺います(그럼 5월 10일 10시 ○○님 앞으로 찾아뵙겠습니다)」

    약속일시와 방문해야 할 당사자는 다시 한 번 확인해야 합니다.

9. 전화 걸기

つかぬことをお伺いしますが(?)

［質問］電話を掛けるときによく聞かれる言葉ですが、少し変です。正しい言い方に変えましょう。

(1)「つかぬことをお伺いしますが」
　（　　　　　　　　　　　　　　　　　　　　　　　）

(2)「外出されているんですね。戻られましたら電話をいただきたいと伝えてください」
　（　　　　　　　　　　　　　　　　　　　　　　　）

(3)「さっそくですが、用件を…」
　（　　　　　　　　　　　　　　　　　　　　　　　）

(4)「どなたが担当かわからないのですが、○○について聞きたいのですが」
　（　　　　　　　　　　　　　　　　　　　　　　　）

엉뚱한 일을 여쭙습니다만

[질문] 전화를 걸었을 때 자주 듣게 되는 말입니다만 어딘가 조금 이상합니다. 올바른 표현으로 바꾸시오.

(1) 「少々お伺いしますが(좀 여쭙겠습니다만)」

「つかぬことを伺いますが(엉뚱한 일을 여쭙습니다만)」라는 말을 자주 듣게 됩니다. 「つかぬこと」란 느닷없이 라는 의미입니다. 전화란 본래 느닷없이 걸려오는 것이므로 「少々お伺いしますが(좀 여쭙겠습니다만)」라는 쪽이 자연스럽습니다.

(2) 「それでは申し訳ないので、お戻りになる頃にこちらから掛けさせていただきます(그러면 죄송하니까, 돌아오실 즈음 이쪽에서 걸겠습니다)」

전화를 건 상대방이 부재인 경우, 다시 걸 때는 건 쪽에서 다시 전화하는 것이 원칙입니다. 아주 긴급하지 않은 이상은 이쪽에서 전화한다고 말하는 것이 바른 매너입니다.

(3) 「今、お時間よろしいでしょうか(지금 시간 괜찮으십니까)」

상대방의 사정 등을 고려치 않고 걸려오는 것이 전화입니다. 용건을 말하기 전에 「今、よろしいでしょうか(지금 괜찮으십니까)」라고 한마디 건네는 배려가 필요할 것입니다.

(4) 「○○の件について伺いたいのですが、ご担当の方はいらっしゃいますでしょうか(○○건에 대해서 여쭙고 싶습니다만, 담당하시는 분은 계십니까)」

「担当(담당자)」라고 하지 않고, 「ご担当の方(담당하시는 분)」라고 정중하게 표현해야 합니다.

Part 04

10. 전화 받기

○○商会の営業部でございます

［質問］オフィスに電話が掛かってきました。正しい応対法を答えてください。

1	電話に出て、会社と部署を名乗ります。	「(①)、○○商会の営業部でございます」
2	相手が名乗り、お得意さまであることがわかりました。	「◎◎会社の××様ですね。いつも(②)」
3	○○課長を指名されました。	「(③)。課長の○○ですね。ただいまおつなぎしていますので、少々お待ちください」
4	○○課長はトイレに行っています。	「申し訳ございません。あいにく○○は(④)。間もなく戻って参りますので、戻って参りましたら、こちらからお電話いたしましょうか」
5	伝言を頼まれました。	「◎◎の件、確かに(⑤)。○○に申し伝えます。○○がうけたまわりました」

○○상회의 영업부입니다

[질문] 사무실로 전화가 걸려 왔습니다. 올바른 대응 방법으로 답하시오.

① 「はい(예)」
　비즈니스의 경우에서는 「もしもし」라는 말을 사용하지 않습니다.

② 「大変お世話になっております(매우 신세를 지고 있습니다)」
　「お世話様(신세지고 있어요)」라는 생략된 말을 하거나, 「どうも(대단히)」라는 대용어로 말을 해서도 안 됩니다.

③ 「かしこまりました(알겠습니다)」
　의뢰받은 것은 확실히 이해했습니다 라는 의미로서 반드시 「かしこまりました」라고 말해야 합니다. 「○○課長」과 같이 「이름+직함」의 표현은 경칭이 되기 때문에 자기 쪽 사람의 경우는 직함을 먼저 말해야 합니다.

④ 「席を外しております(자리를 비웠습니다)」
　화장실에 가는 등과 같은 사적인 용무로 바빠서 전화를 받을 수 없을 때에는 나중에 이쪽에서 전화를 한다고 하거나 「席を外している(자리를 비웠다)」라고 말합니다. 하지만 그러한 경우도 바로 돌아온다는 등의 정보를 덧붙여 주어야 합니다.

⑤ 「うけたまわりました(부탁 받았습니다)」
　전언을 복창하고, 마지막으로 자신의 이름을 말해야 합니다.

Part 04　10. 전화 받기

●●物流でございます

[質問] 電話が掛かってきました。あそこの会社の電話の応対はいいと言われるためには、どう言ったらいいでしょうか。それぞれの状況に応じた答え方を述べてください。

(1) お得意さまから電話が掛かってきました。「はい、●●物流でございます。（　①　）」

(2) 社名は名乗ってくれましたが、名前を教えてくれません。「恐れ入りますが、お名前を（　②　）」

(3) 佐藤課長に取次を依頼されましたが、課長は席にいないようです。「課長の佐藤は席を外しております。すぐに戻るかどうか調べて参りますので、少々（　③　）」

(4) 佐藤課長は会議中でしたが、間もなく終わるとのことでした。「お待たせして申し訳ありません。佐藤は、会議中です。間もなく終わるとのことですが（　④　）」

(5) 佐藤課長は外出していました。「お待たせして申し訳ありません。（　⑤　）佐藤は外出しておりまして、一五時には戻る予定ですが、いかがいたしましょうか」

●●물류입니다

[질문] 전화가 걸려 왔습니다. 우리 회사의 전화 대응이 좋다는 말을 듣기 위해서는 어떻게 말하면 좋을까요. 각각의 상황에 맞는 대답 방법을 말하시오.

① 「いつもお世話になっております(항상 신세를 지고 있습니다)」

먼저 회사명을 말하고 인사를 합니다. 비즈니스 전화의 경우 전화벨이 세 번 이상 울리기 전에 받는 것이 원칙이지만 그 전에 받을 수 없었을 때는 「お待たせいたしました(기다리셨습니다)」라는 말을 한 마디 덧붙이는 게 좋습니다.

② 「伺わせていただけますか(여쭈어도 좋겠습니까)」

나중에 트러블을 피하기 위해서라도 상대방의 이름은 정확히 듣도록 하고, 가능하면 복창해서 확인을 하여야 합니다.

③ 「お待ちいただけますか(기다려 주시겠습니까)」

저쪽에서 지명한 사람이 있을 경우는 가능한 한 신속하고 정확하게 바꾸어 드리도록 합니다. 손님이 몇 번이나 반복해서 말하기 전에 이쪽에서 먼저 바꾸어 드려야 합니다. 그리고 자리를 비웠을 경우에는 바로 돌아오는지 등의 정보를 확실히 말씀드리는 것이 원칙이므로 미리 양해를 구하고 정보를 수집하여야 합니다.

④ 「折り返しご連絡を差し上げるようにいたしましょうか(이쪽에서 다시 전화로 연락을 드리도록 하겠습니다)」

바로 돌아올 경우는 회신 전화를 드려도 좋을지를 상대방에게 물어보도록 합니다.

⑤ 「あいにく(공교롭게도)」

손님이 지명한 사람이 전화를 받을 수 없을 경우는 사죄를 드리고 부재의 이유를 전하도록 합니다. 돌아오는 시간을 알고 있다면 그 내용도 상대방에게 전하도록 합니다.

Part 04　10. 전화 받기

本日は○○物産に出張しておりまして、帰社いたしません(?)

[質問] 相手から指名された者が電話に出られません。こうした場合どのように表現したらいいかを答えましょう。

(1)「本日は○○物産に出張しておりまして、帰社いたしません」
　　(　　　　　　　　　　　　　　　　　　)

(2)「××は、身内に不幸がありまして休んでおります」
　　(　　　　　　　　　　　　　　　　　　)

(3)「○○は、本日遅刻をしておりまして、10時に出社いたします」
　　(　　　　　　　　　　　　　　　　　　)

(4)「すいませんが、××は、ただいまトイレに行っておりますが」
　　(　　　　　　　　　　　　　　　　　　)

(5)「すいません、あいにく○○は他の電話に出ております」
　　(　　　　　　　　　　　　　　　　　　)

오늘은 ○○물산에 출장을 가서 귀사하지 않습니다

[질문] 상대방으로부터 지명을 받은 사람이 전화를 받을 수 없습니다. 이럴 경우 어떻게 표현하면 좋을지를 답하시오.

(1) 「○○は○日まで出張しております(○○는 ○일까지 출장을 갔습니다)」

　　출장으로 부재일 경우는 출장을 간 장소와 출장지는 설명하지 않는 것이 원칙입니다. 비즈니스 상의 비밀이 누설될 우려가 있으므로 언제 회사에 돌아오는 지에 대한 예정일만 전합니다.

(2) 「○○は○日まで休暇を取っております(○○는 ○일까지 휴가를 갔습니다)」

　　휴가의 경우도 마찬가지입니다. 병으로 아프고 불행한 일뿐만이 아니고 축하할 일이라고 하더라도 상대방에게 쓸데없는 신경을 쓰게 만듭니다. 따라서 언제까지 휴가인지만을 상대방에게 전합니다.

(3) 「申し訳ありません。○○は、立ち寄りしておりまして、10時には出社の予定になっております(죄송합니다. ○○는 어디 들렀다가 10시에는 회사에 나올 예정입니다)」

　　지각을 했다는 사실을 있는 그대로 말하는 것은 손님에게 신뢰를 잃을 뿐으로 아무런 이득이 없습니다. 거짓말도 하나의 방편이 되는 대표적인 예입니다.

(4) 「申し訳ありません。○○はただいま席を外しております(죄송합니다. ○○는 지금 자리를 비웠습니다)」

(5) 「申し訳ありません。ただいま○○は他の電話に出ておりまして、こちらから電話させていただきます(죄송합니다. 지금 ○○는 다른 전화를 받고 있어서 이쪽에서 다시 전화를 드리겠습니다)」

11. 돌발 상황에 대한 대응

すいません。遅刻しそうです(?)

[質問] アクシデントが起き、約束の日時に行けない、遅刻しそうだという事態になってしまいしした。そんなときの適切な言い方を①~③から選んでください。

(1) 交通事故による渋滞で、約束の時間に間に合いそうもないとき。
　①「すいません。交通事故で道路が大渋滞で、すごく時間がかかっていまして….」
　②「大変申し訳ございません。渋滞に巻き込まれまして。お約束の時間に伺えそうにありません」
　③「大渋滞に巻き込まれちゃって、すいませんが少し待ってください」

(2) アポイントメントの約束時間にどうしても外せない緊急事態が起きてしまいました。約束の日時を変更してもらいたい。
　①「来週のお約束の日に行けなくなってしまいました」
　②「○○会社からの要請で、お約束の日に伺えなくなりました」
　③「申し訳ありません。来週のお約束を取り消させていただけないでしょうか」

미안합니다. 지각을 할 것 같습니다

[질문] 뜻하지 않은 일이 일어나 약속한 시간에 갈 수가 없게 되어 늦어지는 사태가 벌어졌습니다. 그러할 때의 적절한 표현을 ①~③에서 고르시오.

(1) ②

먼저 사과를 하고 나서 약속 시간에 맞추지 못하는 사실을 이야기합니다. 왜 지각하게 되었는지에 대한 변명을 장황하게 설명하는 것은 피해야 합니다. 또한 가능한 한 언제쯤 도착할 것인지의 시간을 말해 두도록 합니다.

(2) ③

약속을 취소하는 것 자체가 해서는 안 될 매너 위반이 됩니다. 따라서 먼저 사과를 하고 사죄하는 마음을 명확히 전달하도록 합니다. 취소해야 하는 이유는 누가 들어도 어쩔 수 없는 사정이 아닌 한 말할 필요가 없습니다. 다른 회사의 사정으로 가지 못하게 된 이유 등은 오히려 말하지 않는 편이 좋습니다.

12. 직장 상사의 가족으로부터의 전화

奥さんからの電話です(?)

[質問] 上司の家族から会社に電話が掛かってきました。家族からの電話を上司に取り次ぐ場合の正しい応対方法を述べてください　。

(1) 課長の奥さんから課長宛に電話が掛かってきました。
　　「はい、課長は（　　①　　）」

(2) 課長宛に家族から電話が掛かってきましたが、課長は電話中です。
　　「ただいま、課長は他の電話に（　　②　　）」

(3) 課長に家族からの電話を取り次ぎます。
　　「（　　③　　）からお電話が掛かっています」

사모님으로부터의 전화입니다

[질문] 직장 상사의 가족으로부터 전화가 걸려 왔습니다. 이 경우, 직장 상사에게 전해 주는 올바른 대응 방법을 말하시오.

　외부 사람으로부터 걸려온 전화의 경우는 자신을 포함한 회사 사람에게는 겸양어를 사용하지만, 상사의 가족에게서 걸려온 전화는 존경어를 사용하여야 합니다. 또한 걸어온 상대방에 대해서도「~さん」「~課長」이라고 하는 경칭을 사용하도록 합니다.

① 「いらっしゃいます(계십니다)」
　외출한 경우는「課長は外出していらっしゃいます。3時にはお帰りになると思いますが、いかがいたしましょう(과장님은 외출하셨습니다. 3시에는 돌아오실 것으로 생각합니다만, 어떻게 할까요)」 등과 같이 대응하도록 합니다.

② 「出ていらっしゃいます(나가셨습니다)」

③ 「ご家族の方(가족 분)」
　「奥さんから(사모님으로부터)」나「子供さんから(자제분으로부터)」라고 하지 않습니다.

13. 전화를 이용한 연락

課長、いる？(?)

[質問] 得意先との商談が終わり、その結果を上司に連絡しなければなりません。空いている（　）内に必要な言葉を入れて報告する際に必要な項目を完成させてください。

(1) 電話を掛けたら社の人間が電話口に出た。

(2)「（　　①　　）。営業の○○です」

(3) 報告する上司に取り次いでもらう。

(4)「○○課長、（　　②　　）」

(5)「（　　③　　）。○○です」

(6)「（　　④　　）申し訳ありません。例の◎◎商事との….」

과장, 있어?

[질문] 거래처와의 이야기가 끝나고 그 결과를 직장 상사에게 연락을 해야 합니다. 빈 칸의 ( ) 안에 보고할 때의 필요한 항목을 완성시키시오.

① 「お疲れ様です(고생하셨습니다)」

② 「いらっしゃいますか(계십니까)」

③ 「お疲れ様です(고생하셨습니다)」

④ 「お呼びだてして(오시라고 해서)」

   자신의 회사에 전화를 한 경우도 확실히 인사를 하고 전화를 바꾸어줄 것을 의뢰합니다. 그 경우도 「課長、いる？(과장, 있어)」와 같은 무례한 말투는 듣는 사람도 기분을 상하게 합니다. 이런 경우도 다른 상황에서와 마찬가지로 확실한 경어를 사용하여야 합니다. 그리고 상사를 바꾸어 주었다면 먼저 인사를 하고 전화상으로 호출한 것에 대한 사죄의 말을 덧붙인다면 상사로부터 자신에 대한 평가는 한층 올라갈 것입니다.

14. 손님 댁에 전화 걸기

お世話様です。この前はどうも(?)

[質問] 次の電話はお客様のお宅に電話をしたときの様子です。電話の掛け方としては適切ではありません。正しい言い方に直しましょう。

(1) 「◎◎物産の佐藤でございます。田中様のお宅でいらっしゃいますか」
　（　　　　　　　　　　　　　　　　　　　　　　　　　　　）

(2) 「お世話様です。この前はどうも」
　（　　　　　　　　　　　　　　　　　　　　　　　　　　　）

(3) 「すいません。奥様はおりますか」
　（　　　　　　　　　　　　　　　　　　　　　　　　　　　）

(4) 「奥様は何時頃ご帰宅されますか。その頃改めます」
　（　　　　　　　　　　　　　　　　　　　　　　　　　　　）

(5) 「奥様に伝えてください」
　（　　　　　　　　　　　　　　　　　　　　　　　　　　　）

신세를 지고 있습니다. 요전에는 정말 고마웠습니다

[질문] 다음 전화 표현은 손님의 댁으로 전화를 했을 때의 모습입니다. 전화를 걸었을 때의 표현으로 적절하지 않습니다. 올바른 표현으로 고치시오.

(1) 「田中様のお宅でしょうか(다나카님의 댁입니까)」

최근 「お宅でいらっしゃいますか(댁이십니까)」라는 말을 자주 듣고 있습니다만, 집에 대해 경어를 사용하는 것은 다소 저항감이 있습니다. 부드럽고 정중하게 확인을 한다면 상대방도 위화감 없이 대답할 수 있을 것입니다.

(2) 「お世話になっております。先日はありがとうございました(신세를 지고 있습니다. 전날은 고마웠습니다)」

「お世話様です(신세를 지고 있습니다)」라는 말은 손님에게 무례한 표현이 됩니다. 그리고 「どうも」만으로 사례의 말을 대신하는 것은 바람직하지 않습니다.

(3) 「恐れ入りますが、奥様はいらっしゃいますか(죄송합니다만, 사모님은 계십니까)」

비즈니스 장면에서는 「すいません(미안합니다)」는 적합하지 않습니다. 이 경우는 「すいません(미안합니다)」를 「恐れ入ります(죄송합니다)」로 바꾸어야 하며, 「おります」는 겸양어이므로 존경어 「いらっしゃいます」로 바꾸어 말해야 합니다.

(4) 「奥様は何時頃お戻りになりますか。その時間に改めて電話をいたします(사모님은 몇 시쯤 돌아오십니까. 그 시간에 다시 전화를 하겠습니다)」

「ご~される」는 잘못된 경어표현입니다. 「改めて」라는 말과 함께 「電話をいたします(전화를 하겠습니다)」라고 말해야 합니다.

(5) 「奥様にお伝えいただきたいのですが(사모님께 전해 주셨으면 합니다만)」

15. 전화상의 트러블

電話番号、間違っていませんか(?)

[質問] 電話でのトラブルに対してどう対応すればいいでしょうか。そのときの正しい対応法を選んでください。

(1) 間違い電話が掛かってきました。
　①「失礼ですが、何番にお掛けでいらっしゃいますか」
　②「電話番号、間違っていませんか」

(2) 要領を得ない人が出てしまった。
　①「恐れ入りますが、お話のわかる方に代わっていただけませんか」
　②「すいませんが、あなたの上司に代わってくれる」

(3) クレーム電話が掛かってきた。
　①「それはどうもすいませんでした。ご利用になられた状況を教えてください」
　②「それは誠に申し訳ありませんでした。ご利用いただいた状況を教えていただけますか」

전화번호, 틀리지 않았습니까

[질문] 전화에서 일어나는 트러블을 어떻게 대응하면 좋을까요. 그러한 경우의 올바른 대응 방법을 고르시오.

(1) ①

　일을 하고 있는 중에 잘못 걸려온 전화는 몹시 성가신 일이기는 합니다. 그렇지만 「とても迷惑だ！(너무 성가셔!)」라는 기분으로 퉁명스럽게 대답할 것이 아니라, 「番号が間違っているようですよ(번호가 잘못되었어요)」라고 상냥하게 정정해 주는 기분으로 대응하도록 합시다.

(2) ①

　문의를 했을 경우, 자신의 생각이 똑바로 전달되지 않고 도무지 말이 통하지 않는 경우는 상담을 해주는 사람을 바꾸고 싶다고 할 수밖에 없습니다. 이 경우도, 상대방의 기분을 고려하여 상냥하게 말하는 편이 좋습니다.

(3) ②

　「どうもすいません(대단히 미안합니다)」는 회사에서는 사용하는 말이 아닙니다. 「どうも(대단히)」 「本当に(정말)」는 「誠に(참으로)」 「すいません(미안합니다)」은 「申し訳ありません(죄송합니다)」로 바꾸어 말해야 합니다. 「ご利用になられる(이용하시다)」는 「ご~れる」라는 이중경어로 잘못된 표현입니다.

지은이

● **안병곤(安秉坤)**

　　현 경상대학교 사범대학 일어교육과 교수
　　경상대학교 대학원 일본학과 교수
　　교육과학기술부 인정교과서(일본어) 감수위원장

　　경상대학교 사범대학 일어교육과 졸업
　　한국외국어대학교 대학원 석사과정 졸업 문학석사
　　일본 관세이가쿠인대학교 대학원 박사과정 졸업 학술박사
　　일본 도시샤대학교 객원교수
　　일본 기비국제대학교 비상근교수
　　교육부 5차, 6차, 7차 교육과정 심의위원(일본어)
　　일본 쿄토대학교 일본어교원 양성과정 교수
　　전 한국일본어교육학회 회장

　저서
　　『7차 고등학교 일본어교과서』(성안당)
　　『6차 고등학교 일본어교과서』(성안당)
　　『한일 대조문법론』(보고사)
　　『일본어교수법』(학문사)
　　『한국어문법』(보고사)
　　『한국어문법의 종합해설』(오사카경제법과대학 출판부)
　　『종합일본어』(보고사)
　　『문제인 일본어』(보고사)

● **정희순(鄭姬順)**

　　경상대학교 대학원 일본학과 일본문학 석사
　　경상대학교 대학원 일본학과 일본문학 박사
　　경상대학교 국제지역연구원 일본문화센터 전임연구원
　　경상대학교, 진주산업대학교, 한국 방송통신 대학교 강사

　저서
　　『일본문화를 키워온 마음 33가지』(보고사, 공저)
　　『이런생각 저런생각』(보고사, 공저)
　　『일본사정 입문』(다락원, 공역)
　　『일본어뱅크 다이스키』step3 (동양문고, 공저)
　　『일본어뱅크 다이스키』step4 (동양문고, 공저)
　　『新JLPT 일본어능력시험 이렇게 풀어라! N2』(동양문고, 번역)
　　『스마트 일본어』LEVEL2 (동양문고, 공저)
　　『스마트 일본어』LEVEL3 (동양문고, 공저)

문답식 일본어 경어

초판 1쇄 발행일 2010년 11월 22일

지은이 안병곤, 정희순
펴낸이 박영희
편집 이은혜, 이선희, 김미선
표지 강지영
일러스트 이선희
책임편집 강지영
펴낸곳 도서출판 어문학사
    132-891 서울특별시 도봉구 쌍문동 525-13
    전화: 02-998-0094 / 편집부: 02-998-2267
    팩스: 02-998-2268
    홈페이지: www.amhbook.com
    e-mail: am@amhbook.com
    등록: 2004년 4월 6일 제7-276호

인지는 저자와의 합의하에 생략함

ISBN 978-89-6184-134-4 13730
정가 12,000원

※잘못 만들어진 책은 교환해 드립니다.

이 도서의 국립중앙도서관 출판시도서목록(CIP)은 e-CIP홈페이지(http://www.nl.go.kr/ecip)에서 이용하실 수 있습니다. (CIP제어번호 : CIP2010004036)